ちくま新書

女のキリスト教史

——「もう一つのフェミニズム」の系譜

竹下節子
Takeshita Setsuko

1459

女のキリスト教史——「もう一つのフェミニズム」の系譜【目次】

À Notre-Dame de la Médaille miraculeuse

はじめに

†神と女の物語

二〇一九年三月、バチカンの日刊紙の月一回の増補版『女性・教会・世界』の編集長で、カトリック・フェミニズムの論客として有名なリュチェッタ・スカラフィアが、男性からの一方的な編集への介入に抗議して辞任した。

女性も司祭職に就くことができるようにするのは難しいにしても、司祭職と教会の運営とを分けるように教会法を変えることが必要だと彼女は主張している。今のところ、女性が教会の運営に関わるポストに登用されてもアドバイザーの役割しか与えられない。年配の司祭の方がそうした意見に賛同し、若い司祭の方が反動的傾向にあるとも、ドミニコ会やイエズス会など修道会の方が進歩的だとも言われているが、カトリック全体での女性の地位はまだまだ低いのだろうか。

カトリック教会と言えば、「牧師」が妻帯できて女性牧師や司祭も存在するプロテスタントのキリスト教と違って女性蔑視の宗教だというイメージを持たれることがある。神父が独身で、異端審問では「魔女」を火炙りにしたという歴史が想起されるからだろう。けれども、それは事実なのだろうか？

反対に、中南米を含めたカトリック文化圏のラテン諸国では、聖母マリア崇敬《すうけい》が盛んで、家庭内でも「母親」の存在が大きい。プロテスタントのアメリカで「Oh my God!（ああ、神様！）」と叫ばれるところが、カトリックのイタリアでは「Mamma Mia!（ああ、お母さん！）」となる。

世界の「先進文明国」のスタンダードとなっている人権思想は、すべての人が権利の行使と尊厳を保障されることにおいて平等だと言っている。それは、それまでの地縁、血縁、地位、経済力、性別などのあらゆるアイデンティティ別の共同体から解放された自由な「個人」という革命的な考え方を提供し、承認するものだ。

その基盤には、仏教やキリスト教などの普遍宗教が、一人一人の信者に同じ「救い」を約束するという「普遍主義」があった。キリスト教をルーツの一つに持つ「西洋近代文明」も、はじめは「布教」「宣教」によって普遍主義を伝えようとしたが、異文化・異文明を「発見」してからは、「普遍主義」から「宗教」という含意を排除するようになった。

それは、宗教という権威を利用して人民を搾取してきた支配者を倒した「近代革命」の成果でもある。

　けれども、生と死の二つの次元に関わる「救い」を語る「宗教」なしには、自由な「個人」もばらばらな「孤人」へと還元されてしまう。「宗教」に代わり一人一人の国民を守るはずの「国家」もまた、普遍主義を離れ、国民を縛って他国家、他国民を排除する共同体主義の罠に陥っていった。

　分断された「個人」が消費者としてグローバルな市場に取り込まれる一方で、共同体内のマイノリティ・グループは、国際的な規模で集結して新たな力ある共同体を形成していく。長い伝統のある父権制社会において「差別されてきた女性」や「排除されてきた同性愛者」らが「反撃」するロビー活動が政治だけでなく市場経済にとり入れられて大きな影響力を持つこともある。

　そんな中で、身の丈に合う共同体も、手を差し伸べてくれる「神」も見出すことのできないばらばらの個人が生き難さを訴えるようになった。「勤勉」や「質素倹約」の「徳」を掲げたピューリタン資本主義が肥大化して、「金《カネ》」が「神」に取って代わり、「効率」や「生産性」という新しい「徳」が登場する。神がいて、そのもとに共同体があった頃の古典的な「弱者」救済のモデルはもう通用しない。

このような時代にあって、私たちには何ができるのだろうか。自由で平等で尊厳ある個人だったはずの人々が「存在」の根を失い、分断された消費者、ハンドルネーム、コード番号、暗証番号にされていくプロセスは止めることはできないのだろうか。

本書では、「西洋近代思想」における普遍主義を育んだヨーロッパのキリスト教によって長い間「被差別者」とされてきた「女性」が、「人と神との関係」において、実際にはどのような役割を果たしてきたのかを振り返ってみたい。「聖」と「俗」、「あの世」と「この世」の関係の上に、この世での男と女の関係がどのように反映されてきたのかを見ていくこと、それによって逆に、この世の男と女の関係に「神」と「人」との関係がどのように反映されているのかも見えてくる。

それを通して、「社会的動物」である人類にとってまるで宿命であるかのような、あらゆるマイノリティ差別や他者の排除が、「宗教的動物」としての人間と神との関係の中ではたして解消できるものなのかを考えてみたい。

†本書の構成

キリスト教の歴史の中で語られてきた「神と女の物語」は、「男と女の物語」がいつも「私」と「私たち」の物語なのだと、教えてくれる。

本書では、キリスト教が女性をどのように眼差し扱ってきたのか、翻って女性たちはキリスト教を、またキリスト教を中心とする世界をどのように牽引してきたか、聖書の時代から現代まで長い歴史を精査しながら論じている。

序章では、フランスにおけるフェミニズムが、アングロサクソンのピューリタニズムのフェミニズムとどう違うのかを解説する。ミートゥー運動に象徴される現代のフェミニズムとは異なる「ギャラントリー」のフェミニズムがどのように生まれたのかを、中世フランスで盛んになった「ノートルダム（我らの貴婦人）」崇敬など、キリスト教の歴史に注目して論じる。

第一章では、旧約聖書の最初の書である「創世記」において、男と女がいかに生まれたのか、さらにイヴが禁断の実を食べてしまったことに端を発する女性差別の起源に迫る。

第二章では、キリスト教を生んだナザレのイエスが、当時の支配的な体制だった家父長制からいかにはみ出した存在だったかを考える。彼がどのように女性たちと出会い、触れ合ったのかに注目することで、「民族宗教」から、世界に広がる「普遍宗教」へと変容していくキリスト教が本来持つ女性的な側面が見えてくる。

第三章では、イエスの母である聖母マリアが新約聖書でどのように描かれているのかを考える。彼女が処女受胎をいかに受け入れたのか、また救世主イエスとどのように接したのか、そして、後に世界中でマリアがどのように崇敬されたのかを見ていく。

第四章では、新約聖書でイエスに付き従った女性の一人である「マグダラのマリア」から、現代の聖女マザー・テレサまで連綿と連なる聖女たちの系譜を概観する。

第五章では、民間信仰の側にあった治癒、施術、霊媒などのなかで、魔術や魔女がどのように登場し、扱われてきたかを見る。また聖書にも登場する悪魔の存在や、悪魔憑き、悪魔祓いなどが、社会でどのように認識されたかを考える。信仰と異端の境界線が時代によって揺らぎ、そこに女性がどのように関わってきたかも見ていく。

第六章では、フォントヴロー修道院やベギン会のような修道会で中心となって信仰活動を牽引した女性たち、百年戦争に颯爽と登場したジャンヌ・ダルク、グアダルーペのマリアが現れた新世界メキシコで活躍した博覧強記のミューズ、ソル・フアナなど、様々な時代の女性リーダーたちが「神の国」を目指していった様子を紹介する。

終章では、そもそもが女性性を帯び、弱者に寄り添うはずのキリスト教が、普遍宗教になっていく過程で変容し、女性や弱者を差別するようになってしまう経緯を確認し、そうした状況を脱するために、現代を生きる私たちに何が必要なのかを模索する。

序　章

フレンチ・フェミニズム

――ジャンヌ・ダルクからカトリーヌ・ドヌーヴまで

パリのノートルダム大聖堂（©Steven G. Johnson）

†ミートゥー運動とフランス

二〇一七年の秋、ハリウッドの大物映画プロデューサー、ハーヴェイ・ワインスタインによるセクハラが告発されてから、女性たちが性的な被害体験をネット上で告白、共有する「#MeToo（ミートゥー）」運動がまたたく間に世界中に広まった。告発された俳優らが番組や出演作品から降板させられるなどの事件が相次ぎ、さらにフランスのジャーナリストがフランス版ミートゥー運動である「#BalanceTonPorc（豚を告発せよ）」運動を提唱した。

一方で、二〇一八年一月九日には、女優のカトリーヌ・ドヌーヴらを含むフランスの一〇〇名の女性が『ル・モンド』紙に、これらの告発運動に見られるピューリタン的な排他主義を批判する声明文を出した。「レイプは犯罪だが、しつこく口説いたり、不器用に口説くことは軽犯罪ではなく、ギャラントリーはマッチョな攻撃ではない」「言い寄る自由」は性的自由に欠かせないものだ」というその趣旨は世間の「フェミニスト」たちを驚かせた。

さらに、この声明によって傷つけられたと性犯罪の被害者たちが抗議し、「社会的に強者」の女性の言い分だという批判も起こった。それにもかかわらず、『パリ・マッチ』誌では往年のセックスシンボルだったブリジット・バルドーがインタビューに答えて「ハリウッド発の「#MeToo（ミートゥー）」運動は多くの場合は偽善的であり、馬鹿げていて意味がない」と発言した。「私は一度もセクハラの犠牲になったことはない。私のことをきれいだとかヒップがかわいいとか言うのはチャーミングだと思っていた。こういうお世辞は気分がいいものだわ」と言い、多くの女優らの告発は売名行為だと批判した。

それでも、フランスでは、通りで女性に性的な言葉をかける行為が軽犯罪として罰金の対象になるなどの変化が起きた。「セクハラ問題」が初めて公に取り上げられるようになり、フランスのメトロにも痴漢防止のポスターが登場したが、男性の写真が使われたイギリスのポスターと違い、車内の女性の傍に襲いかかる熊や狼や鮫などの絵が配された。すべての「男」を連想させるのはよくない、ポスターが訴えたいのは「捕食者」に対して女性が感じる恐怖なので動物の絵を使ったのだと説明された。それには、「加害的な行為は一部の男性によるものだ」という女性たちの意見が反映されている。

このようにフランスにはなぜだか、セクハラ告発の嵐がすべての男性にふりかかることのないように、女性の方が守ってやるという流れが確実に存在する。

実は、ドヌーヴらの声明文がピューリタン的な行き過ぎに言及したように、フランスではこれまでにも、ピューリタン的なアングロサクソン由来のフェミニズムと、フランスのフェミニズムの違いが強調されてきた歴史がある。

†ピューリタンとカトリック

ピューリタン(清教徒)とはイギリスの国教会を改革しようとした禁欲的なプロテスタントのことで、その中の分離派がピルグリム・ファーザーズとしてメイフラワー号で一六二〇年にアメリカに渡り、アメリカの支配階級となった。アメリカ独立の時点で、その人口の九九%はプロテスタントで、その後も移民国家の「統合」のためにピューリタン的価値観を維持してきた。そのメンタリティが近代アメリカの根底にあるので、「建前」としての禁欲や道徳厳守の気風は根強い。

アメリカのクリントン大統領は、ホワイトハウス内での女性関係を公の席で謝罪に追い込まれたが、フランスではミッテラン大統領が愛人と庶子《しょし》をエリゼ宮の近くに住まわせたり、オランド大統領が事実婚の妻とエリゼ宮に住んでいたのに浮気をして別れても、政治家の資質を問われない。これを見ても、アメリカとフランスの男女の仲に関する見方の違いは明らかだ。

アメリカの大統領は就任演説で聖書に手を置いて誓い、「神」の加護を口にするが、フランスの大統領は、公の場で「神」を引き合いに出すことは決してない。それは近代フランスの共和国アイデンティティが、フランス革命において、神やカトリック教会を否定してきたところにあるからだ。

けれども、今の欧州連合がヨーロッパのカトリック・ネットワークを利用して形成されたように、実は、フランス革命の自由・平等・同胞愛の理念や人権宣言も、「人はすべて同じ創造主を父とする」というキリスト教起源のものだった。

ヨーロッパのキリスト教はパレスチナで生まれ、ギリシャ語を使うヘレニズム世界で広まり、ローマ帝国の国教として「帝国主義」の普遍性を補強するローマ・カトリック教会が、各地の既存宗教を習合しながら発展した。カトリック（普遍）とは、中近東（オリエント）と西洋（オクシデント）を統合するという意味だったのだ。

その後、領地を得て封建領主の一員となったローマ教会と世俗の王権が互いに牽制したり利用し合ったりする中で、権力装置としてのカトリック教会を糾弾し否定する流れが出てきた。その一つがプロテスタントと呼ばれる諸派の誕生だ。一六、七世紀の「宗教戦争」を経て一応の棲み分けができた後で、その一部で「新大陸」アメリカに「神の国」を築こうと旅立ったのが、アングロサクソンのピューリタンだ。

フランスの場合は、宗教戦争後にも王権神授説《おうけんしんじゅせつ》による絶対王政が続き、カトリックに留まったが、一八世紀末の革命で王と教会をまとめて断罪することになった（実際は、一〇〇〇年以上にわたって民俗宗教化したカトリックを根絶することはできずに、ナポレオンによる和親条約やその後の王政復古など様々な展開の後で、フランスは宗教色のない共和国となる)。

†フランスの「ノートルダム」崇敬

このように、アングロサクソン・プロテスタント型のメンタリティと、フランス型のメンタリティは対照的だ。地中海、大西洋、北海、イギリス海峡に面しているフランスでは、先住のケルト民族と植民者ラテン民族と移動してきたゲルマン民族の混血が進み、独特の中央集権的メンタリティが醸成されていった。その中央集権を達成した「太陽王」ルイ一四世の宮廷でコード化されたものこそ、女性を祀《まつ》り上げる「ギャラントリー」だった。「貴婦人を崇《あが》める」フランスの伝統は、一二世紀に顕著になった「ノートルダム」崇敬にすでに表れている。フランスにはパリのノートルダム大聖堂をはじめ、「ノートルダム」の名を冠した壮麗なゴシック大聖堂がいくつもあるが、「聖母マリア」を表すノートルダムとはもともと「我らの貴婦人」という意味だ。

多くの巡礼地や教会にも「ノートルダム」の名がつけられ、慈しみのノートルダム、ルルドのノートルダム、被昇天《ひしょうてん》のノートルダム、などいろいろな形容がつく。教会には聖母子像が飾られ、近代以降は幼子《おさなご》イエスを抱かずに一人で民衆に語りかける黙示録型の聖母があちこちに「出現」して「聖地」を形成した。ローマ・カトリック教会のこの「聖母崇敬」は、もともと聖母を「神の母」としたキリスト教の教義から始まり、ヨーロッパ各地に広がる大地母神《だいちぼしん》や女神信仰を吸収することで定着した。

マリアの夫でイエスの「養父」であったはずのヨセフへの崇敬はそれよりずっと後、一四世紀末から一五世紀はじめの教会大分裂時代（ローマとアヴィニョンで二人の教皇が分立）に、パリ大学の神学者が戦略的にヨセフの聖性を称揚してから定着したものだ。ちょうど同じ頃に英仏百年戦争が終盤を迎え、フランスには「救国のおとめジャンヌ・ダルク」が登場した。

ジャンヌ・ダルクは、甲冑《かっちゅう》を身に着け白馬にまたがって戦場を駆け、味方を鼓舞し敵を恐れさせて戦況を変えた。実は、この戦う処女のイメージは聖母マリアにも重なるものだ。聖母マリアは中世の頃からすでに、慈しみだけではなく智恵や力のシンボルでもあり、人々は、「アヴェ・マリア」から始まるロザリオの祈りの中で「神の母聖マリア、わたしたち罪びとのために、今も、死を迎える時も、お祈りください」と唱えた。処女でありながらイエスを身ごもって出産したとされるマリアは、産褥《さんじょく》や嬰児《みどりご》を守るだけではなく、死を迎えた「罪びと」の魂が悪魔によって地獄に連れ去られる時に、十字架を振り回して悪魔を打ち破ってくれる頼りになる存在だった。

神学的には、「救い」はすべて「父と子と聖霊」の三位一体《さんみいったい》の神から来るもので、聖母も各種聖人と同じように、その徳によって神に祈りを取り次ぎ、とりなしてくれる力しかない。けれども聖母は、生と死という、人間の通過儀礼の中でも最も緊張する場面において、民衆にとって最も身近で頼りになる強い味方だった。「知恵の女」と呼ばれてきた「産婆《さんば》」や、命をかけて子を守る「母の強さ」などを知る人々にとって、「父の権威」ではなく聖母にすがるという心性が生まれるのは自然なことだ。どんなに罪深い生き方をしていても、生涯に一度でも聖母マリアに祈ったことがある者の魂は必ず聖母に救われるという信仰は、善人悪人を問わず、ひとたび南無阿弥陀仏《なむあみだぶつ》と唱えれば等しく極楽浄土《ごくらくじょうど》へ往けるという浄土真宗の阿弥陀仏帰依と同じく、それ自体が多くの人々の救いとなったことは不思議ではない。

さらに、聖母マリアは性別を超越した如来《にょらい》や菩薩《ぼさつ》ではなく、処女で子どもを身ごもって産み、夫ヨセフの庇護《ひご》のもとに育てた生身の「神の母」だというのだから、「女性」の聖性が民衆レベルで根付いていたのは確かだ。そうした背景があったからこそ、ジャンヌ・ダルクが神や聖人の名を掲げて「戦場に現れた」ことを戦士たちが畏怖したわけである。

もっとも、ジャンヌ・ダルクの活躍は百年戦争といううきわめて政治的な文脈にあったわけで、戦況によって彼女の運命は翻弄された。イギリス軍に引き渡され、バイアスのかかった宗教裁判にかけられて、その「聖性」を剝奪されて火刑台で焼かれてしまった。イギリス軍がフランスから完全に退却した後ではじめて「復権裁判」によって名誉を回復し、それから四五〇年以上も経って、フランス革命を経た「近代フランス」においてカトリック教会の「聖女」だと正式に認定され、あまつさえ聖母マリアを補佐する「フランスの守護聖女」の称号を獲得したのだ。

†ギャラントリーの効用

このようなフランスだから、カトリックを否定し、異教的な聖人信仰を捨て、聖母マリアを「模範的な一信者」とみなしたアングロサクソンのプロテスタントとは女性観そのものが異なってくるのは当然だった。それを決定的にしたのが前述のルイ一四世の時代だったが、もともとフランス宮廷のギャラントリー文化はすでにラテン系の騎士道文学の中にあったものだ。

一七世紀にセルバンテスの『ドン・キホーテ』が妄想したように、もとは「騎士が貴婦人のために敵や怪物を倒す」という武勲詩《ぶくんし》が一一世紀頃から吟遊詩人によって歌われ広まった。実際に騎士である貴族階級出身の吟遊詩人《ぎんゆうしじん》が、十字軍の物語や宮廷のプラトニックな愛について語るものもあった。ルネサンス期イタリアの外交官バルダッサーレ・カスティリオーネが一六世紀のはじめに著《あらわ》した、ウルビーノ公の宮廷で公妃を中心に語られる宮廷人の心得を記した書物『宮廷人』が、後のヨーロッパの宮廷の礼儀マニュアルとなった。

女性を恋愛の対象にする際、征服する存在としてではなく、仰ぎ見る対象として理想化すること。それは、男性の欲望を矯《た》めたり絶ったりするのではなく「文化として高める」ことであり、いかに女性をリスペクトして自らも女性から愛されるかが、宮廷の男たちのマナーと教養を計る物差しとなったのだ。

そうした習慣が、絶対権力を振るったルイ一四世によって確立されたことは興味深い。相続などの実際の法制においては差別されていた女性を、宮廷内で崇めることは貴族が騎士となるための通過儀礼でもあり、「庶民の男は女を棒で殴るが、我々は女を台座に祀り上げる」と自負していた。

もちろんそれは単なる騎士物語への回帰などではないし、後のロマン派時代に現れる男と女の一対一の恋愛でもなかった。大勢に見聞きされている公の場所で女性に仕え、彼女たちを讃え、貴婦人たちから気に入ってもらう、喜んでもらうことが、男たちにとって社会的な承認と出世の鍵となるゲームになっていたのだ。ヴェルサイユにやってきた田舎貴族は女性への接し方を通して、シックでエレガントである術を学ばなければならなかった。

ルイ一四世は、この「ギャラントリー」という考え方をコードとして定着させることによって、「フランス人は他の国の男たちよりも女性を尊重する」というイメージを演出し国際的に認めさせようとした。それが功を奏して、フランスの宮廷モデルは実際のところ、他の諸国の関心の的となり政治的機能も発揮した。ギャラントリーは、看過できない「フランスのソフトパワー」でもあったのだ。

また、政治的な効果だけではなく、見逃せない副産物が二つ生まれた。一つは、ギャラントリーの定着が、上流階級の女たちのふるまい方の自由を飛躍的に広げ、彼女たちの教養を高めたことだ。それが、「女主人」を主宰者として貴族、文人、芸術家が集まるサロン文化を誕生させた。

もう一つは、貴婦人たちの歓心を買うためには、男たちが女性の気持ちを察する必要があり、それによって「共感能力」が養成されたことだ。女性が男の欲望の対象になるということはどういうことか、そのような弱い立場にあることをどう考えるべきか、ということを文学者たちも考えた。

一七世紀にモラリストのラ・ブリュイエールは宮廷の社交界の生態を描き、一八世紀にモンテスキューは、ギリシャ神話に託して恋愛における感情と官能について語る『グニッドの神殿』の詩を残した。恋愛心理を描く戯曲で有名なマリヴォーの作品の主人公はすべて女性で、今も世界中で上演されている。彼の未完の長編小説『マリアンヌの生涯』（一七三一〜四一)は、一人称で書かれる女性が恋愛における心理を詳しく観察したものだ。

イギリスの『ジェーン・エア』(一八四七)、アメリカの『風と共に去りぬ』(一九三六)などの英米を代表する女性主人公の小説は女性作家たちによって書かれている。それに比べると、フランスでの女性主人公文学の傑作が、フローベールの『ボヴァリー夫人』(一八五七)、ゾラの『居酒屋』(一八七七)、『ナナ』(一八八〇)、モーパッサンの『女の一生』(一八八三)など、男性作家によって書かれていることは、女性の立場に身をおいて共感するギャラントリーの伝統と無縁ではない。

その後ギャラントリーは、一九世紀以降のブルジョワ文化の中では手の甲への接吻《せっぷん》などへと形式化していくが、女性の数が少なかった開拓時代のアメリカで発展したレディファーストの習慣とは依って立つところが違う。

プロテスタントの牧師は妻帯が可能で、「牧師夫妻」は男女平等に子どもを育てる理想の家庭のモデルを提供したものの、妊娠・出産・育児が女性にかかってくる現実は変わらず、いくら建前上の「同権」が進んでも、家庭内の女性の抑圧は深まった。

これに対して、フランスのギャラントリー文化は、罪悪感なしに女性が家事や育児をせずにすむ階級で広まったので、コードに従って敬われ崇められる女性たちが実際に自由と教養を獲得することができたわけだ。そのことと、やはり上流階級の女性の一部が生活の場として選んだ修道院の中で、神学や哲学の研究を深めたり芸術的な活動をしたりしてきた歴史とは呼応している。貴族出身の女性が住む修道院で、彼女たちに仕えるたくさんの男性平修道士たちがいたという例もある（第六章参照）。

†ギャラントリーとフェミニズム

このような文化としてのギャラントリーが根付いてきたフランスで、「すべての女性の権利の拡大」を目指す運動がプロテスタント世界よりも遅れたのは皮肉だった。「女性が男性から不当な差別を受けている」という集合意識が、男の側にも女の側にも生まれていなかったからだ。基本的人権の思想を生み出したフリーメイスンの組織も、フランスでは騎士団や十字軍の伝統に結びつけられて貴族やブルジョワの社交サロンとなり、貴婦人たちも様々な活動を主宰した。フランスのフェミニズムに、「男優位の社会の被害者である女による異議申し立て」という契機がなかったのはこれらの伝統に由来するものだ。

「男に差別され虐げられる女」という対立の構図よりも、資本家に搾取されている労働者、植民者から人種差別を受け搾取される先住民、富や軍事力の優越によって主人から搾取される奴隷という「不平等」と「不公正」を正す「戦い」は、男と女が共に遂行していくものだと認識されていた。

とはいっても、人種、性別、民族、出身階級などにかかわらず、すべての人の「自由、平等、博愛」という理念が醸成された啓蒙の世紀において、知的にも文化的にも最前線にあった「サロン」文化の中で繰り広げられる男と女の誘惑ゲームのフィールドで、男女は対等ではなかった。愛の告白は常に男の方からなされるべきであるなどというコードが厳然としてあり、それは男のナルシシズムを傷つけ、女に有利に働くこともあった。

そのような関係に基づくフランス人の「平等」観の中では、権利を求める戦いは基本的に男女の共同戦線であったから、アメリカのピューリタニズムの中から生まれた犠牲者主義と呼ばれるフェミニズムは本来そぐわないものだった。アメリカの黒人差別撤廃運動が、白人を不当な支配者と見なして同等の権利を要求したように、アメリカのフェミニズムはしばしば男を敵視した。民族、人種などによる社会での弱者集団の差別を是正するために、進学や就職で特別枠を設けるなどの積極的是正措置であるアファーマティヴ・アクションが女性にも適用されるようになった。

フランスのフェミニズムは本来そのような「弱者の優遇」を志向しない。強者と弱者の内実は多様であり、後に男と女の区別が性的マイノリティにも広げられたように、恣意的なものだ。フランス型のフェミニズムは、性的にも心身の条件も多様な個々の人間が権利において平等であることを目指すもので、特定のグループと特定のグループが「対等」であるように統計的に是正することは目的ではない。女性の被《こうむ》る差別をなくすためには、「平等であるべき人間の同類」である男性も共に行動を起こす必要があるのだ。

フランスのフェミニズムで有名なのは、実存主義哲学者として戦後の思想界で一世を風靡したサルトルをパートナーとしたシモーヌ・ド・ボーヴォワールの『第二の性』(一九四九)だ。「人は女は女に生まれるのではなく女になるのだ」という有名なフレーズは、人間が社会的に規定される存在であり、だからこそ自分の意志で存在の仕方も変えていけるのだという実存主義的立場であるけれど、アメリカで人気を博したフランス人のデリダやフーコーらの構造主義の文脈に乗って、性別は社会的構築物であると強調されるに至った。社会的に規定されたジェンダーである「女性性」を「脱構築」すれば、男と女の区別のないフラットな社会が生まれ、そのためにはあらゆる場面で男と同等、同権、同数となることをまず目指さなければならない、ということになったのだ。こうして、「男」と肩を並べ「男のフィールド」で戦うために、女性たちによる圧力団体が形成されていった。

実際のボーヴォワールは、生物学的性差を相対化することで解放された生き方を貫き、正式な結婚をしなかったり妊娠中絶したり複数の男と恋愛したりする「自由」を標榜した。そのように、彼女は決して恋愛ゲームを忌避したわけではなく、信頼できる男たちと共に行動した。『母性という神話』(一九八〇)によって、「母性を女性の「本能」であるとするのは父権制社会のイデオロギーである」と喝破したエリザベット・バダンテールもまた、連れ合いである政治家ロベール・バダンテールと歩を合わせて活動し、フランスのフェミニズムの「普遍主義」を擁護する論客だ。

†グローバル時代のフェミニズム

ところが、二〇世紀末の東西冷戦終結後、社会主義という歯止めがなくなって、アメリカ風の規制のない新自由主義が席巻するとともに、アメリカのスタンダードが「グローバリゼーション」としてヨーロッパにも広まることになった。

人工知能技術の急速な発展は、「自然を征服して文明化する」という人間の野心を、「人間の中の自然」も征服し管理する方向へと向けた。アングロサクソン型フェミニズムも、「男女の差」をフラットにして、すべての人が「生産性」によって評価され、「消費者」として測られる社会の中で、「男女同数」などの「目標数値達成」に単純化されてグローバル・スタンダードとなっていった。

けれども皮肉なことに、「男」と「女」の生物学的事情は変わらないので、「男女の差」はフラットになるどころか、「同性にしか性的に惹かれない」同性愛者や、生物学的な性と逆の性別を自認する「トランスジェンダー」のような、「性的な被差別者」が権利の拡大の声を上げ政治的なロビーを形成するようになった。それだけではなく、「高度消費社会」における「性」産業は増大するばかりで、性暴力やポルノグラフィー、性犯罪も増え、男女の差を含めた「人間性」が抽象化され無化されていく世界は、「普遍主義」どころか細分化される共同体主義へとなだれ込み、ひずみはむしろ増えている。

一方で、「普遍主義」の理念を掲げるフランスでは、異なる共同体が互いに利害を調整して差別をなくしていくよりも、多様性を維持しながら、どの共同体に属する個人にもそこから外れる自由を保障し、権利と尊厳を等しく認めるという方針を守ろうとしてきた。ギャラントリーは淘汰すべき前時代的伝統なのではなく、法や理念における普遍主義とは別の次元にある「趣味」や「美学」やマナーコード、大人のたしなみ、時には欲望の減圧装置として、フランス文化の一環であり続けたのだ。

懲罰的なセクハラの告発の嵐の中で、女たちが怒りを増大させ、男たちが萎縮したり戦々恐々とし始めた時、その行き過ぎにすぐに抗議の声を上げたのが男たちではなく、それまで女性の権利拡大に貢献してきた大人の女たちであったことは、フランスのフェミニズムの本質に根差していると言えるだろう。

世界は「わかりやすい二元論」の誘惑にいつもさらされている。善と悪、男と女、多数者と少数者、強者と弱者、清浄と汚濁などは、いつも巧妙に恫喝や支配の道具に使われてきた。近代以降の世界に自由、平等や人権思想への合意を定着させた「西洋キリスト教文化」のルーツに、それらの二元論をことごとく超えてきた革命的な中東人ナザレのイエスの教えがあったのにもかかわらず、「父なる神と子なるイエス」の神学は、ローマ・カトリック教会とローマ帝国の父権制を互いに強化し続けることになった。

ユダヤ＝キリスト教の文化の根底には、楽園の人間を堕落させた罪の女イヴ（エバ）から、神に選ばれた聖処女マリアまで、矛盾する多様な女性像が混在するのに、強固な父権制と覇権主義の世界では女性の自由、平等、人権は存在できなかった。わかりやすい二元論はポピュリズムの政治などに形を変えて今も人々に大きな訴求力を持っているし、その犠牲になる個人やグループも減っていない。

行き過ぎたフェミニズムはそれらの矛盾や葛藤の一つの現れだといえるだろう。「男と女の二元論」は生物としての人間の命の根源に根差す実存的なものだから、それを検証することはすべての二元論を乗り越える方法を提供してくれるかもしれない。アングロサクソンのピューリタニズムに由来するフェミニズムと、カトリック文化圏であるフランスのフェミニズムとの違いには、比較文化を超える本質的な違いが潜んでいるだろう。

多くの文化の中で、女性は、あの世とこの世の境界の橋渡しをする出産によって、超越世界とつながっていると見なされてきた。宗教の政治利用を進めてきたのは男たちだが、信仰の継承を担ってきたのはいつの時代も、どこでも女たちだった。

この本は、フェミニズムが大きな問題として取り上げられるようになった今、「神と女」を通して西洋キリスト教史を読み直すものである。日本人の多くは、漠然としたアメリカン・スタンダード以外に、その背景にある「西洋キリスト教文化」の流れと違いが区別できていない。それは日本が西洋諸国の「植民地」になるのを免れてきたおかげでもあるが、西洋諸国から侵略を受けたことで「キリスト教コード」の読解力をある程度習得することのできたアジア諸国に比べると、外交上の弱点にさえなっている。

人類の半分を占める女性を対象とするフェミニズムの分析と考察なしには、覇権国の「白人」による潜在的な人種差別の問題や、国内における経済格差に由来する諸問題を解決することはできない。ひいては、覇権主義による戦争の脅威にも地球環境の破壊にも根本的な対応をすることは難しい。

私たちは「エデンの楽園」を取り戻すことができるのだろうか。

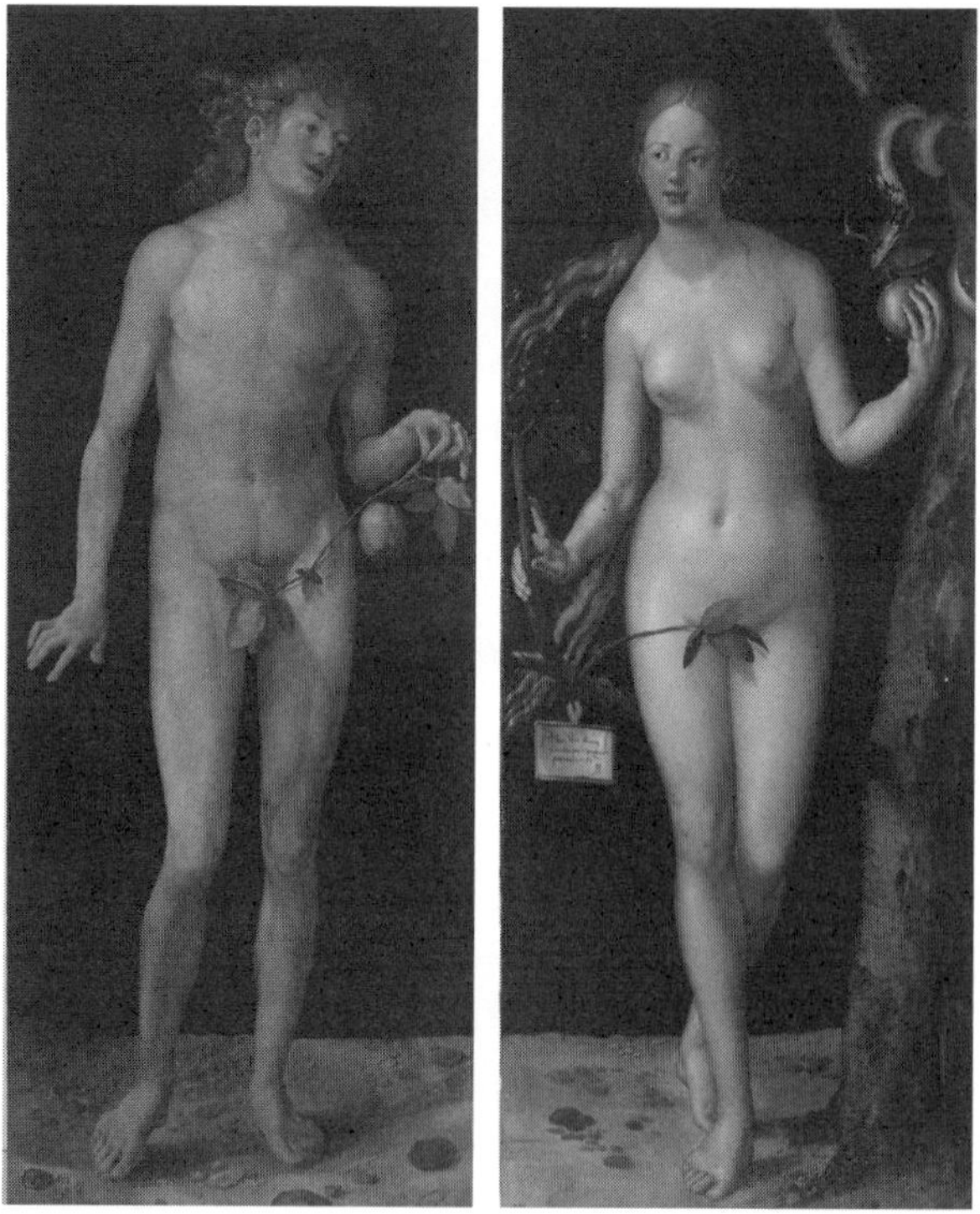

第一章

イヴの登場

——すべてはエデンの園から始まった

アルブレヒト・デューラー「アダムとイヴ」(スペイン、プラド美術館所蔵)

†普遍宗教の誕生

キリスト教は一世紀の初め頃に、後にパレスチナと呼ばれる地方で生まれたイエスという名の男を救世主（キリスト）と信じた弟子たちによって始まった（「世紀＝西暦」の数え方そのものが、イエス・キリスト誕生を起点として生まれたものだ）。そのイエスは、一二の部族からなるユダヤの民に属し、ユダヤ教の学者ラビとして信奉者を集めていたが、エルサレムの神殿を司る祭司たちに対して批判的で挑発的だとされた言動により、捕らえられて処刑された。当時のユダヤの国はローマ帝国の属領となっていたので、イエスはまず宗教的異端を弾劾された後で、ローマ総督に引き渡されて政治犯として十字架刑を宣告された。

ユダヤ教の過越《すぎこ》しの祭の金曜日に処刑され、埋葬されたイエスが、日曜の朝に「復活」して、再び弟子や信奉者たちの前に姿を現したという「事件」からキリスト教は始まった。復活してから四〇日後に「昇天」したイエスは、自分がユダヤ人を解放するためではなく、すべての人を救うためにやってきたことを述べ伝えるよう弟子たちに言い残した。だからこそ、イエス・キリストの「福音」がユダヤ世界を超えてローマ帝国の版図に広がることになったが、救世主による「救い」の部分は革新されたとしても、ユダヤ人の世界観の元となっていた「モーセ五書」と呼ばれる一神教の聖典は有効であり続けた。

イエスの復活で「救世主信仰」に目覚めた弟子たちは、「死に打ち克つことを示す」ためとはいえ、なぜそもそも、よりによって屈辱的な十字架刑でイエスが死ななければならなかったのかということに悩んだ。そして彼らは、ユダヤの預言者や王の言葉にイエスの受難を予告するかのような記述を見つけて初めて、ユダヤ教の預言の「成就《じょうじゅ》」であるキリスト教を体系化することができたのだ。だからユダヤの聖典は、イエスの登場による神と人との新しい時代を開く「契約」に先行する『旧約聖書』としてそのままキリスト教に残された。

そういうわけだから、いわゆる「預言」ではない、神による「万物の創造」の部分は、変更されたり解釈を変えたりしないままで温存された。「この世」の時空を超えたところにある「神」が、「時空」とそこに生きる万物を創造したという「一神教」の「創造神話」は、ユダヤ教、キリスト教、またその流れから分かれたイスラム教に共通するものになったのだ。

もっとも、ユダヤ教はもともとはスタンダードな多神教世界に根付いた民族宗教で、ユダヤ教の神も、「アブラハムの神」と言われるように、「民族神」でしかなかった。けれどもユダヤ人に約束されたはずの神の国をなかなか実現できず、エジプトでの奴隷生活、バビロンでの捕らわれの民としての亡命生活などを重ねるうちに、そのアイデンティティを補強するために神は「最高神」となり、さらに「唯一の神」となっていった。その「この世で唯一の神」という形そのものが、やがて「一神教の神」が民族や土地に特定されない全人類を救う神となり、「普遍宗教」の誕生を促していったのだ（とはいっても、一神教という言葉自体は『新約聖書』には出てこない。広く知られるようになったのは、三位一体の神を批判するユダヤ神学や、帝国主義が征服した地域で出会った多神教に向けての「優越」を表現する言葉として使われるようになってからのことだ）。

†旧約聖書の「創世神話」

歴史的にキリスト教文化圏ではなかった日本のような国では、だからこそ、一見ユダヤの民族宗教の神話にしか見えない旧約聖書と、普遍宗教だというキリスト教の新約聖書との関係がよくわからず、旧約聖書の「神話」がキリスト教の普遍的な説得力を損なっているように見える。

非キリスト教文化圏だけではなく、例えばローマ・カトリック教文化圏の国では、そのような印象を信徒に抱かせるリスクのある「聖書」そのものを、長い間「封印」してきた。神学生にさえ、聖書ではなくギリシャ・ラテンの教父文学や神学書や聖人伝ばかりが提供されていた。そこには当然、各時代の政治的なバイアスが加わっていく。そのことに疑問を抱いた一六世紀以降のプロテスタント諸派は、聖書を各国語に訳すことによって、救いの根本教義を聖書にのみ求めようとした。その時に遭遇する聖書の中の様々な「非合理的な記述」とは「神話」なのだと割り切ることにして、その本質に迫ろうとしたのだ。

その後で、神学者だけではなく、またカトリック陣営も含めて、文献学者や考古学者による時代考証が進むにしたがって、「聖書」の様々な物語が単なる神話ではないことが明らかになっていった。同時に、災害や飢饉、伝染病などの被害の脅威が著しく減少した「先進国」においては、教会離れ、宗教離れが進み、その反動として今度は、イデオロギーとしての聖書原理主義の動きも生まれることになった。キリスト教国において、ダーウィンの進化論を否定する「天地創造」論や、民族神の国における「国造り神話」論が復活するのだ。

旧約聖書の「創世記」の神は宇宙の万物を創るために六日間働いた。その六日目に創られたのが人間で、仕事を終えた神は七日目に休息している。

このような時の流れは、宇宙の始まりや地球史の科学的知見、ダーウィンの進化論などからは到底受け入れられないように思えるが、聖書原理主義者の一部にとっては今も十分意味のある数字であり続けている。『コーラン』にも同様の記述（7章54節）があるので、天地創造の六日間を科学的に整合性のあるものにするための解釈の試みはイスラム教にも存在する。創造の六日間は、人間にとって宇宙が生まれてからの一六〇億年ほどの時間に相当するというもので、六日間は六つの時代を象徴する。ビッグバン以来時間の流れは緩やかになるので、最初の二四時間が八〇億年にあたり、二日目が四〇億年、三日目が二〇億年、四日目が一〇億年、五日目が五億年、六日目が二億五〇〇〇万年に相当するという。

†ローラシア神話

このような「万物の創造神」による「天地創造」の物語は、いわゆる一神教の根幹にあるものだと考えられがちだが、実はそうでもない。なぜなら、人類の九割以上が住む北半球の神話の多くは、それが多神教か一神教かにかかわらず、同じような「創造」ストーリーを持っているからだ。「一神」かどうかは別として、「天界（異界）の神が国づくりをした」というタイプの創世神話自体は広く存在するものだ。「我々にかたどり、我々に似せて、人を造ろう」という神の言葉も、各地にある「神人同型」の様々な神話と共通している。

人類学や民俗学が発達したことで、世界の神話に似たようなパターンがあることが知られるようになり、「比較神話学」が登場した。離れた地域に類似の神話が存在する理由についても様々な仮説が立てられた。古代の交易によって、一地域の神話が他に伝播されたり、影響を与え合ったりしたからだという説の他に、人間心理には普遍的な構造があるので同じようなテーマの同じようなストーリーを紡ぎ出すからだという精神分析学者のユング（一八七五〜一九六一）の唱えた説もある。

最新の知見はハーヴァード大学のサンスクリット語教授マイケル・ウィツェルが唱えた『世界神話の起源』（Oxford University Press, 2013）による「ローラシア神話説」だ。彼によると、すべての神話は人類が数千人程度の集団をなした時期にすでに形成されていた。北アフリカからユーラシア大陸を経てアメリカ大陸にまでわたる神話の共通要素は、四万年前に東アフリカにいた少数のホモ・サピエンスが大陸移動を開始する前に醸成されていたものだと思われる。これは単なる仮説ではなく、最新の民族遺伝子調査と比較言語学と考古学の結果から推論されたものだ。

比較神話学は一九世紀以来大きな進歩を遂げたが、歴史的なパースペクティヴには欠けていた。ウィツェルはヘシオドスの『ギリシャ神統記』、アイスランドの『エッダ』、マヤの『ポポル・ヴフ』、さらに古代エジプト、メソポタミア、インド、日本などの創世神話を渉猟し、そのどれをとっても、同じ順序で展開する一五あまりの要素が存在することに注目した。このストーリーラインをローラシア（二億年前にユーラシア大陸とアメリカ大陸がつながっていた超大陸）神話と呼ぶ。

大筋は次のようなものだ。「世界」は無か混沌から生まれた。天の神が次の神々のグループを創る。そのグループの神々は次第に「不死」から遠ざかっていく。一人はドラゴン（または蛇）を退治する。次に人間が創られるが、傲慢のために洪水で罰せられる。生き残った人間は悪霊に助けられて文化を築き、神の要素を持つ「英雄」である先祖に導かれるが最終的には世界を破壊してしまう。

ウィツェルは、この仮説を検証するために、東アフリカからローラシアへの移動よりも古い六万五〇〇〇年前に南洋に渡ったオーストラリアのアボリジニ、タスマニア、メラネシア系の神話や、サハラ砂漠以南でアフリカ大陸を出なかった民族の口承神話との比較検討を行った。そのどちらにも「創世神話」は存在せず、人類の歴史は語られるが、宇宙はすでにあるものとされ、その起源は語られていない。だとしたら、これまで「東洋文化」とは異質の「西洋文化」のルーツであるかのように語られてきた旧約聖書の「天地創造」のストーリーや「創造神」も、それが「一神教」として進化するとともに独自性を獲得していっただけで、ローラシアという大きな枠の中では同根の世界観から出発したと考えられる。

その観点から眺めると、天地創造とそれに続く話も、確かに日本人にとってあまり違和感がないように見えてくる。特にプロテスタント登場以前のキリスト教では、ユダヤ教やイスラム教とは違って半神半人の「英雄」神話を天使や聖人の伝説へと次々に置き換えていったため、ローラシア神話の痕跡が顕著であるからだ。

†男と女の創られ方

旧約聖書に話を戻すと、「創世記」だけではなく、叙述が一貫していないのは、もともと複数の口伝や資料が後世に編纂されてできたものだからだ。その点は新約聖書も同様で、復活のイエスを救世主だと宣言してきた初期の共同体内で様々な疑問や質問に答えていく中で、ヴァリエーションが生まれ、さらに口伝や書写の過程で当然異同も生まれる。旧約聖書の場合は、そのベースになったと思われる資料は四編程知られているが、特に重要なものは、「ヤハウェ資料」と呼ばれるものと「祭司資料」と呼ばれるものの二つだ。

紀元前八、九世紀頃に成立したものだと思われるヤハウェ資料（神をYHWHと記すところからこう名付けられた）は、ユダ王国のできた比較的安定した時代のものなので、神と人との関係も人間的で、父系社会的言説を反映している。天地創造譚でもまずアダムを創り、彼のために植物や動物を創り、さらにそれでもアダムが寂しかろうと、アダムのあばら骨を取り出してイヴを創っている。ここでは「男」が先行するのだ。また、エデンの園で禁断の木の実を食べたという「原罪」の挿話にもイヴへの偏見が垣間見られる。

もう一方の祭司資料は、紀元前六世紀のバビロン捕囚時代に祭司たちによって書かれた。故郷を離れた苦難の時代に、宗教的アイデンティティを固めるために荘重で抽象的な絶対神を強調した。ところが、前者よりも後にできたこちらの方が「創世記」の冒頭に置かれた。そこでは、まず「光あれ」と宇宙が創造され、次に植物や動物が創造された後で、「男と女」がペアで創られている。

しかしなぜか創世神話においては、「創世記」第二章のストーリーばかりが語られがちだ。絵画、文学作品、映画などによって繰り返し刷り込まれてきたので、非キリスト教文化圏でもおなじみのストーリーである。大切なところなので、少し整理して見てみよう。

第一章ではすでに、最初の六日間で創造が完成した。その六日間を要約すると次のようになる。

まず一日目、神は光を造り、光と闇に分け、光を昼と、闇を夜と呼んだ。

二日目、大空を造り、大空の下と大空の上に水を分け、大空を天と呼んだ。

三日目、天の下の水を一カ所に集めて海と呼び、乾いた所を地と呼び、地に草や果樹を芽生えさせた。

四日目、大空に太陽と月と星を造り、昼と夜を治めさせた。

五日目、水の中に生き物を、大空には飛ぶ鳥を造り、産めよ、増えよと言った。

六日目、ついに陸上の生き物を造った。家畜、這うもの、地の獣である。そしてその総仕上げに、他の生き物の管理者として「我々にかたどり、我々に似せて、人を造ろう。」（創世記1章26節）と神にかたどった男と女を創造したのだ。

さらに、神は彼らを祝福し、「産めよ、増えよ、地に満ちて地を従わせよ。海の魚、空の鳥、地の上を這う生き物をすべて支配せよ。」と言ったが、食べるものとしては「全地に生える、種を持つ草と種を持つ実をつける木を、すべてあなたたちに与えよう。それがあなたたちの食べ物となる。」として「地の獣、空の鳥、地を這うものなど、すべて命あるものにはあらゆる青草を食べさせよう。」と言った（同1章28〜30節）。動物はすべて草食であり、植物は人間や動物の食べ物としての位置づけだったのだ。

†創造の語り直し

ところが、第二章では、天地万物の創造を終えた神がほっとして安息したとあるのに、どういうわけか実はまだ被造物はそろっていない。第一章のはじめに混沌から分けられたはずの「水」が足りなかったのだ。二章四節からは次のような記述が続く。これが創造の「語り直し」となっているのだ。引用しよう。

これが天地創造の由来である。主なる神が地と天を造られたとき、地上にはまだ野の木も、野の草も生えていなかった。主なる神が地上に雨をお送りにならなかったからである。また土を耕す人もいなかった。しかし、水が地下から湧き出て、土の面をすべて潤した。主なる神は、土（アダマ）の塵《ちり》で人（アダム）を形づくり、その鼻に命の息を吹き入れられた。人はこうして生きる者となった。主なる神は、東の方のエデンに園を設け、自ら形づくった人をそこに置かれた。主なる神は、見るからに好ましく、食べるに良いものをもたらすあらゆる木を地に生えいでさせ、また園の中央には、命の木と善悪の知識の木を生えいでさせられた。エデンから一つの川が流れ出ていた。園を潤し、そこで分かれて、四つの川となっていた。（中略）

主なる神は人を連れて来て、エデンの園に住まわせ、人がそこを耕し、守るようにされた。

主なる神は人に命じて言われた。「園のすべての木から取って食べなさい。ただし、善悪の知識の木からは、決して食べてはならない。食べると必ず死んでしまう。」

主なる神は言われた。「人が独りでいるのは良くない。彼に合う助ける者を造ろう。」

主なる神は、野のあらゆる獣、空のあらゆる鳥を土で形づくり、人のところへ持って来て、人がそれぞれをどう呼ぶか見ておられた。人が呼ぶと、それはすべて、生き物の名となった。

人はあらゆる家畜、空の鳥、野のあらゆる獣に名を付けたが、自分に合う助ける者は見つけることができなかった。

主なる神はそこで、人を深い眠りに落とされた。人が眠り込むと、あばら骨の一部を抜き取り、その跡を肉でふさがれた。

そして、人から抜き取ったあばら骨で女を造り上げられた。主なる神が彼女を人のところへ連れて来られると、人は言った。「ついに、これこそ／わたしの骨の骨／わたしの肉の肉。／これをこそ、女（イシャー）と呼ぼう／まさに、男（イシュ）から取られたものだから。」

こういうわけで、男は父母を離れて女と結ばれ、二人は一体となる。（創世記2章4〜24節）

「人」は「女」を連れてこられて初めて「男」になった。

これを見た限りでは、神が「我々にかたどり、我々に似せて、人を造ろう。」（創世記1章26節）と自らにかたどった男と女を創造して、「産めよ、増えよ」と言った第一章と明らかに矛盾している。もちろんこの「矛盾」は、ユダヤの聖典をそのまま取り入れたキリスト教でも問題になった。しかも、第一章の神は「我々に似せて」と複数形で書かれている。

これでは神は唯一であるという一神教の根本さえも揺らいでしまう。正確にいうと、「創世記」第一章の神の呼称である「エロヒム」という言葉は単数と複数の区別のないものだ。クムランで発掘された紀元前九世紀から八世紀に書かれたと思われる「申命記32章8〜9節」には、「エル」による世界の創造が語られているが、ギリシャ神話のゼウスにも相当する「エル＝いと高き神」が「国々に嗣業の土地を分け／人の子らを割り振られたとき／神の子らの数に従い／国々の境を設けられた。／主に割り当てられたのはその民／ヤコブが主に定められた嗣業」であるとある。つまり人間に土地を振り分け、各地に自分の子どもにあたる神々を割り当てたのだ。そのうち、イスラエルを担当したのが「主」ヤハウェであった。

けれども民は他の「無縁の神々」にも心を寄せたので神の怒りを買うことになる。紀元前七世紀頃に成立したものと思われる部分（申命記6章14節）でも、「他の神々、周辺諸国民の神々の後に従ってはならない」と明言されている。「他の神々が存在しない」とは言われてはいないのだ。

これは前述した一神教の前駆形態である一神崇拝の段階を表したものだろう。ともかく、エジプトでの奴隷状態からの解放や、バビロン捕囚後の帰国に至る歴史の中で「選ばれた民」のアイデンティティを形成していったユダヤ人は、キリスト教が登場する時代には、万物を創造した「唯一神」から始まる聖典を完成させていたわけである。

†禁断の木の実を食べる

キリスト教の初期の神学者たちには、そんな「神」や原初の人間に「両性具有」のイメージを付与する者が少なくなかった。神は「完全」なる存在で欠けたものがないから、唯一にして複数でもあり得るし、そんな神の似姿である人間も、「男と女」が一体で「産めよ増えよ」の呼びかけに応えることができる存在だったというわけだ。そんな両性具有的な原初の「人」が、禁断の木の実を食べてしまうことで分断される。

第二章のヴァージョンに続く第三章では、次のように話が展開する。

女が見ると、その木はいかにもおいしそうで、目を引き付け、賢くなるように唆して

いた。女は実を取って食べ、一緒にいた男にも渡したので、彼も食べた。（創世記3章6節）

どうして食べてはいけないという禁を犯したのかと神に問われたアダムは、「あなたがわたしと共にいるようにしてくださった女が、木から取って与えたので、食べました。」（創世記3章12節）

と、責任を女と神に転嫁する。その結果、神は「お前は女の声に従い取って食べるなと命じた木から食べた。」（同3章17節）と確認し、その罰として食べ物を得るために一生苦しむ運命を与え、女には「お前のはらみの苦しみを大きなものにする。／お前は、苦しんで子を産む。／お前は男を求め／彼はお前を支配する。」（同3章16節）と、男の支配下に置いた。男が女に「従った」ことが罪となったからだ。

結局、その後も続く父権的な社会の中では、この「男が働き女を支配して、女の役割は子どもを産むこと」というジェンダー分断がモデルとなった。原初の人間が両性具有であるというイメージは、正統キリスト教からはグノーシス派の異端だと糾弾されることとなる。

思えば、初期キリスト教と言えば二元論との戦いだったから、男と女の二元論を統合する両性具有説が弾劾されたことは皮肉でもある。その他にも、ユダヤの伝承ではイヴの他にリリスという原初の女性の存在も語られていた。ユダヤ人はもともとエジプト移住の奴隷時代やバビロン捕囚時代に、エジプトの太陽神やバビロンのイシュタル神の影響も受けているし、前述したようにローラシア大陸の全神話が通底しているのだとしたら、「性別を超えた創造神」や大地母神のように「あらゆる生命の母である女神」となる基礎はあったわけだ。

一方で、この「アダムの肋骨から造られたイヴ」というイメージを、男の存在論的優位とは結びつけない解釈も存在した。イヴがアダムの頭や足から造られたのではなく、中心部である心臓を守る肋骨から造られたことから、両者は対等であり、イヴはアダムの心(心臓と同じ言葉)が外在化したものだという考え方だ。

それだけではない。「新しいアダム」だとされるイエスも「新しいイヴ」を内包しているという。福音書には、十字架のキリストの絶命を確認するためにローマ兵がイエスの脇腹を槍でついて、そこから血と水が流れたという描写がある(「兵士の一人が槍でイエスのわき腹を刺した。すると、すぐ血と水とが流れ出た」〔ヨハネによる福音書19章34節〕)。イエスは新しいアダムであり、アダムの肋骨が抜き取られてイヴが造られたように、イエスの右脇腹から刺された槍は、肋骨を通して心臓に達した。十字架刑はもともと「窒息死」に至るものだが、心臓から血と水が流れたことで、すべての罪びとが赦され、アダムとイヴの犯した原罪からイエスによって解放されたのだ。罪も赦しも、アダムだけではなくイヴと一対になって展開するというわけだ。

†旧約聖書の女「ルツ」

旧約聖書には、大きく分けて四つのグループがある。「モーセ五書」と呼ばれる律法の書、「列王記」や「歴代誌」を含む歴史の書、「ヨブ記」「詩編」「コヘレトの言葉」などを含む知恵文学、そして数々の預言書だ。歴史の書の中には女性の名を冠したものが二つある。「ルツ記」と「エステル記」だ。

「ルツ記」の時代は紀元前一一世紀頃だと思われる。ルツは死海の東南側でイスラエルの民の領地ではないモアブ国出身の女性だが、夫がユダ国出身だったので、イスラエルの神を拝していた。夫の死後、姑のナオミと共にヨルダン川を西に渡ってユダのベツレヘムに行き、姑の遠縁である裕福な男と再婚した。

この結婚によって始まった家系から、後のイスラエル統一王国の最初の王ダビデ（ルツの曽孫）やその子のソロモンが生まれる。その数百年後に生まれたイエスもこの家系に属していた。ヨルダン川の北の端にあるガリラヤ湖近辺の地方ナザレのヨセフとマリアの子であるイエスが、わざわざユダのベツレヘムで生まれたとされているのは、このイスラエル統一王国のダビデの家系であることを強調するのに役立っている。

「ルツ記」に戻ろう。モアブという移住先で夫と二人の息子を次々と失ったナオミは、もともと単身でユダに戻ろうとしていた。ユダヤの律法によれば、寡婦は亡夫の兄弟と結婚して夫の名を継承しなくてはならなかったが、もうそのすべがないナオミは二人の嫁を解放することにしたのだ。

ナオミは、自分についてこようとする二人に、「自分の里に帰りなさい。あなたたちは死んだ息子にもわたしにもよく尽くしてくれた。どうか主がそれに報い、あなたたちに慈しみを垂れてくださいますように。」（ルツ記1章8節）と言ったが、二人のうちのルツは、姑とイスラエルの神に仕えることを選択してユダ国に渡った。その異国の地でルツはナオミのために大麦の落穂拾いという過酷な労働に携わり、その「徳」は評判となった。ルツを親切に扱った領主はボアズという男で、ナオミは彼が遠縁であることに気づき、ルツが結婚すれば夫や息子の名を絶やさずにすむと知った。ルツはナオミの計画に従ってボアズに近づき、二人は結婚することになる。

その二人の曽孫がダビデで、イスラエルでは今も、大麦の収穫の終わりの時期にあたる七週の祭りにルツとダビデを記念している（ダビデの息子であるソロモンの神殿の前には、ルツの二度目の夫となったボアズとヤキンという二本の柱が立てられた。近代フリーメイスンの集会所にもボアズ〔力〕とヤキン〔確立〕のシンボルを担う柱が立てられている）。

注目したいのは、ユダヤ人の歴史において重要なダビデやソロモンの家系を確信をもってスタートさせたルツ自身が、いわゆるユダヤ人ではなかったということだ。生まれた場所や家の宗教にかかわらず、異国の女が自由な立場で信仰を選択し、夫の死後にまで困難の中で姑を支え連帯した。このようなルツが「旧約聖書の女」の代表的存在であることは記憶に値する。

†エステルとユディット

ペルシャに住んでいたユダヤ人によって書かれたものと思われる「エステル記」には、神が民を滅亡から救ったことを記念する行事である「プリムの祭」の起源が書かれている。バビロンに捕囚されていたユダヤ人が最初にエルサレムに帰還した時期とエズラに率いられる第二次帰還の間にペルシャに残っていたユダヤ人の話だ。

ユダヤ女性のエステルは、ペルシャ王クセルクセスに見初められて王妃となった。エステルの養父モルデカイも王の官僚となったが、その後王に抜擢されて権力を握ったアガグ人ハマンとの確執の末に、ハマンはモルデカイを含むすべてのユダヤ人の虐殺を決める。それまで自分がユダヤ人であることを隠して王妃になっていたエステルは、結局王を説得してユダヤ人の命を救い、ハマンの方が逆に処刑されることになった。

エステルの立場はルツと反対で、彼女はユダの国から離れた場所で異教の権力者の妻になっていた。その立場を利用して、ユダヤ人コミュニティの危機を救うことになったわけで、女の決意が民族の歴史を変えたことはルツと共通している。

「ユディト記」は、カトリックの旧約聖書にしか採用されていない。カトリックの旧約聖書はユダヤ教の聖典よりも七書多い。主としてヘレニズム世界に離散したギリシャ系ユダヤ人が担ったキリスト教聖典を採用したからだ。後にプロテスタントの多くがこの七書を再び排除することになったため、「旧約聖書続編」と呼ばれている。

ユディトは美しい裕福な寡婦で、住んでいた町ベトリアを包囲したアッシリア軍から守った。水源を断たれた町は降伏を覚悟していたが、ユディトは、この町が占領されることは全ユダヤ人の屈服につながると言って、自らアッシリア軍の陣中に赴いた。喪服を脱いで着飾ったユディトの美しさに誰もが驚嘆した。アッシリア軍に対して、自分ならあなたがたをエルサレムに案内できると申し出たユディトの言葉には説得力があった。

アッシリアの総司令官は美しい彼女を招いた酒宴の後で、天幕の中で泥酔し、ユディトは総司令官の短剣をとってその寝首を掻いた。アッシリア軍は動揺し、ユダヤ人は彼らを敗走させることに成功した。血まみれの剣を持つ壮絶なユディトの図はキリスト教絵画のモチーフになった。男が手出しをできない窮地で女が敵地に乗り込んで勝利するという原型になったのだ。

†ヨブの妻

ルツ、エステル、ユディトは、いずれも美しく、自分の魅力も知っていて、知恵があり、信仰が深く、意思が強かった。フランスの高名な女性神学者アニック・ド・スゼネルは、「旧約聖書の女傑」と呼ばれる彼女らの存在は、ユダヤの男たちの内面のシンボルなのだと解釈する。神の似姿としての「人間」は、「男と女」という表象に分けて描かれるが、実は互いに補完的であることで、神ならぬ人間の陰影を表現している。

アニック・ド・スゼネルが挙げている例には、旧約聖書の中でも特異な位置を占める「ヨブ記」に出てくるヨブの妻もいる。「ヨブ記」は知恵文学のカテゴリーに入るテキストで、アブラハムの時代にカナンに住んでいた敬虔《けいけん》な男ヨブが、苛酷な試練を与えられるという話だ。

神を敬愛しているヨブの信仰の強さを試そうとしたサタンが、神の同意のもとでヨブに次々と不幸をもたらした。子どもたちも財産も失い、恐ろしい病気にかかったヨブは苦しみ、死を願うが、苦しみからの解放である死だけは与えてもらえない。しかし良心に恥じるものがなかったから、彼には神に赦しを請う発想はない。

ところが、「サタンはヨブに手を下し、頭のてっぺんから足の裏までひどい皮膚病にかからせた。ヨブは灰の中に座り、素焼きのかけらで体中をかきむしった」（2章7〜8節）という状況を前にした時に、彼の妻は、「どこまでも無垢《むく》でいるのですか。神を呪って、死ぬ方がましでしょう」（ヨブ記2章9節）と言ってのけた。ヨブは「お前まで愚かなことを言うのか。わたしたちは、神から幸福をいただいたのだから、不幸もいただこうではないか。」（2章10節）と答えて、神を呪うことだけはしなかった。

律法や歴史書のほとんどが、神と民の間での「罪と罰と祈りと赦し」の繰り返しといういわば「因果応報」に近い構造になっているのに、「ヨブ記」は、人間には理解できない神の業の不条理を語っている。

結局、わが身の不幸を嘆きはしても神を非難することはなかったヨブは、神に癒されて新しい家族や財産も与えられることになる。ヨブの試練の途上で、友人たちは様々な無責任な言葉を投げかけたりヨブを見捨てたりするが、自分たちに災厄《さいやく》が降りかかっては困るので、ヨブの妻のように「神を呪え」などとは絶対に口にしなかった。

ヨブの妻の言葉は、友人たちのそんな保身ぶりとは違った。信仰篤い敬虔な者が不幸になることに本当は納得できないヨブの怒りを代弁して、「どこまでも無垢でいるのですか。神を呪って、死ぬ方がましでしょう」と言ったのだ。アニック・ド・スゼネルは、それが実はヨブ自身の内面の言葉であったこと、ヨブが神の前ではまさに「男と女」を併せ持つ「人間」であったことを示しているのだと解釈する。

†そして、再びイヴ

人間が、自分の中の「女」を分離する時、「罪の女」は「男」の抱える罪悪感への減圧装置としても機能する。思えば、イヴがアダムを誘惑して禁断の実を食べさせたという話も、同様の「責任転嫁」の展開をしていた。女とはいつも男の「欲望」をそそる「誘惑者」であると定義することが、様々な性的な禁断へと結びついていったのだ。

肌や髪を覆わない女はそれだけで男を誘惑しているとみなされるなど、服装の規定にまでそれがつながっていった。それは二一世紀になっても、フランスで公共の場のイスラム・スカーフが政教分離を脅かすと問題になるように延々と続いている。もちろん、女性の服装への責任転嫁は一神教圏だけのものではない。日本のような国でも、今も女性の性犯罪の被害者が男の気を引く服装をしていたなどと非難されたりするように、女性への偏見がある。

前述したように、神も原初の人間も、「両性具有」的な完全な存在だという考え方自体は、常に存在した。それどころか、万物を創造した神に「産む性」が重ねられることは不思議ではなかった。

ユダヤ教の密教思想であるカバラの伝統にはシェキナーと呼ばれる母神であり智恵の化身である女性の神がいるし、神が子を孕み、出産するというイメージも言語化されている。「申命記」にはモーセの説話として「お前は自分を産み出した岩を思わず／産みの苦しみをされた神を忘れた。」(32章18節）という表現があるし、ダビデは神を助産婦に喩えて、「わたしを母の胎から取り出し／その乳房にゆだねてくださったのはあなたです。」（詩編22章10節）と言っている。助産婦には「知恵の女」という異名があり、「智恵の神」はヘブライ語で「ホクマー」、ラテン語では「サピエンティア」といずれも女性形で表されている。

アダムとイヴの「創世記」には、万物を産む「神」の女性性と、本来一つの神の似姿としてつくられた男と女が、「欲望」をめぐって延々と性的な葛藤を続けていく運命の意味への問いかけが突き付けられていると言えるだろう。旧約聖書に登場する女たちは、時には男たちを誘い、補完し、鼓舞し、神の前、敵の前、異教徒の前にも率先して身を投げ出し、智恵をめぐらせて、「神の似姿である人間」の歴史を担ってきたのである。

†イスラム教のアダムとイヴ

西洋キリスト教文化圏は、自らが「政教分離」の人権思想に到達した後で、過去の植民地主義を通して流入する「異教」文化圏からやって来る多くの「移民」と共生することになった。それぞれの共同体が互いの共同体内のルールを尊重しながら棲み分ける共同体主義の国（イギリスやアメリカ）もあれば、「異教」の民も、キリスト教徒が受け入れてきたのと同じように非宗教的な普遍主義のルールを優先するようにと統合政策を進めるフランスのような国もある。

とはいえ、そのどちらに向かおうと、非キリスト教文化圏の旧植民地出身者が、数の上でも、文化資産の上でも、経済力の上でも、不利な条件に置かれていることには変わりがない。冷戦後の新自由主義経済下においてはなおさら、競争力に劣る移民出身者は社会的、経済的な格差の広がりによる不利益を被るようになった。

フランスのように無償教育が徹底している国でも、現実は、移民出身者の住む地域のゲットー化が進み、その一部には反社会的で原理主義的な共同体が形成されている。第二次世界大戦中のナチスによるユダヤ人のホロコーストを許してしまった連合国の罪悪感がイスラエル建国を促し、パレスチナ先住のイスラム教徒との間に深刻な分断を引き起こした。そのことがヨーロッパ諸国内のムスリム共同体も刺激し、中東石油国からのイマム（モスクの指導者）の流入も加わって、「公共の場の非宗教化」というフランスの共和国主義に対する脅威となっていく。特に問題となったのは女生徒のイスラム・スカーフや時には顔を隠し全身を覆う姿のムスリム女性の増加で、それが女性差別であり男女平等の理念に反するということで大きな問題となった。

エデンの園でのアダムの「罪」が、イヴという女性に誘惑されたから生まれたものだという解釈から、男の欲望や意思をコントロールするのではなく、欲望をそそる女の側に責任を負わせるというロジックは、多くの宗教に共通している「女性の不浄観」と軌を一にする。

実はイスラム教は、キリスト教がすでに広まっていた中東で七世紀に成立したものだから、その聖典のコーランにも「創世記」の記述がある。「人びとよ、あなたがたの主を畏れなさい。かれはひとつの魂からあなたがたを創り、またその魂から配偶者を創り、両人から、無数の男と女を増やし広められた方であられる」（コーラン4章1節）というものだ。

コーランの夫と妻に関する記述の中には、聖書と同様、預言者ムハンマドが生きていた時代と場所を反映して、夫が妻に対して支配権を持っていると解されてきたものが少なくないが、この天地創造における「人間」については、男女を問わない「一つの魂」が語られている。肋骨ではなく、一つの魂からもう一つの魂が造られて、その二人は愛や試練を分かち合うようになったのだ。

禁断の木の実を食べた時の誘惑についても、イヴがまず悪魔の誘惑に負けてからアダムを誘ったとは書かれていない。「ところが悪魔〔シャイターン〕は、二人を躓《つまず》かせ、かれらが置かれていた（幸福な）場所から離れさせ」、神は、「あなたがたは落ちて行け。あなたがたは、互いに敵である。」と言った（2章36節）とある（その後でアダムは悔悟《かいご》して赦されている）。

禁断の木の実は善悪を知る智恵の木の実だった。自由意志でその実を口にした人間は、自分の内と外に起こる善と悪の戦いにさらされても、悪の方に向かわない道を選ぶようにと神から誘《いざな》われている。その戦いと試練の中で、男と女は互いに互いを必要とするパートナーだとされるのだ。アダムとイヴの物語は、歴史学でも文学でもない。「創世記」のすべてのヴァージョンに脈打っているのは、生命の意味、男と女の意味、人生における「許容と禁止」の意味、愛と知識の価値を問う智恵に導く示唆なのだろう。

第二章

イエスの登場

——イエスを育てた女たち

グエルチーノ「イエスとサマリアの女」（スペイン、ティッセン=ボルネミッサ美術館所蔵）

†マリアの処女受胎

キリスト教のイエスは男性だった。「創世記」以降の人間は「男」か「女」に振り分けられて生まれるしかなかったのだから、性別があったのは当然だ。それでも、イエス誕生のストーリーには潜在的な「女性性」がまとわりついている。

まず、聖母マリアの「処女受胎」だ。大工ヨセフと婚約していたものの「男を知らない」一〇代半ばの若い娘だったマリアのところに、天使ガブリエルが突然やってきた。天使はマリアが聖霊によって身ごもることを告げ、彼女が選ばれた「恩寵《おんちょう》に満ちた」存在であり、「すべての世代があなたを「祝福された者」と呼ぶでしょう」という「天使祝詞《てんししゅくし》」(今もロザリオの祈りの前半として世界中で唱えられている)を述べた。

とは言っても、マリアについての言及が多い「ルカによる福音書」を除いては、処女受胎に触れているのは「マタイによる福音書」だけで、新約聖書でのマリアの扱いは全体として冷淡だ。けれども、いわゆる聖書外典にはマリアの生涯が詳しく書かれているので、処女受胎というストーリーそのものは、巷の貴種生誕伝説を踏まえた口承として福音書成立前に広まっていたものだと思われる。

その口承のルーツも錯綜している。

そもそも「処女受胎」とは「女性」の誕生を連想させる。動物界でも、メスが単独で子を創る単為生殖・単為発生では、生まれる個体もメスだけという場合が珍しくない。人間の場合も、基本形は女性であり、本来女性になるようにプログラムされているところに、男のY染色体にある性決定遺伝子が受精卵に入ることで、プログラムの書き換えが行われて「男」が生まれる。Y染色体を持つ胎児の脳の性中枢は、いわゆる男性ホルモンを浴びることで、原初にあったバイオリズムの周期性を失ってしまう。けれども、胎児期に浴びるホルモンの量によっては、「男性化」が中途半端に終わることもあるので、男性化には幅があるのだ。

イスラエルの父権的な神とは対照的に、あるいはそれを補完するかのように、処女マリアから生まれたイエスに「女性性」が投影されたことは不思議ではない。もともと古代社会には、「命を育む」大地母神系の女神の方が男性神よりも多かった。「父と子の神」という男系のキリスト教の方がむしろ少数派だ。

聖書外典系の聖母伝承では、聖母の母アンナが重要な位置を占め、キリスト教絵画の歴史の中では、アンナ、マリア、イエスという三者による「聖家族」像が多く描かれてきた。また、ダンテの『神曲』の至高天《しこうてん》では、マリアは「キリストに最もよく似た顔」だと形容されている。さらに、十字架のイエスの流した血を「母乳」だと形容する人もいた。

†イエスはなぜ男だったのか

それでもイエスは「男」として生まれる必要があった。

ユダヤの戒律《かいりつ》（レビ記12章）の規定では、男子を出産した女は七日間は汚れていて男とも交渉を持てず、さらに続く三三日間は神殿に上がれないことになっている。全部で四〇日の清めの期間が終わると、子羊など生贄《いけにえ》の供物《くもつ》を持ってエルサレムの神殿を訪れ、祭司による「主の前の贖《あがな》い」をしてもらう。形式的には子どもを主に捧げるのだ。ところが女子を産んだ場合にはこれに倍の時間がかかるとされる（日本でもお産の「穢れ」の忌み明けに相当していたお宮参りが今でもあるが、約三〇日とやや短く、男の子と女の子の違いも少ない）。

これにならって、当初はイエスの誕生日を太陽神信仰に合わせて設定したキリスト教も、八日目の一月一日（これは古代ローマのヤヌス神の祭日）を割礼《かつれい》の祝日に、六日を東方の三博士が訪ねてきた公現祭《こうげんさい》に、出産から四〇日を経た二月二日を蠟燭《ろうそく》の祝福（異教の火祭りに置き換えた）を伴う聖母お清めの祝日に設定した。

もともと処女のまま身ごもって、処女のまま出産したマリアには穢《けが》れなどないはずだが、マリアとヨセフがこの律法を守ったことには、マリアの謙虚さと、ヨセフが母子を「普通」に扱うことによって世間から守るという二つの意味があったようだ。これを受けた西洋キリスト教世界でも長い間、新生児は生後四〇日間はあの世とこの世の境のあいまいな状態にあると考えられてきた。四〇日目に魂が肉体に落ち着いて人間が完成するが、同時に魂が肉体に入ることによって汚れるので清めの儀式が必要となる。

神の子イエスには、早く肉体に落ち着き、早く清めてもらうためにも「男」という性別が都合がよかった。もともとイエスは原罪を贖《あがな》うために遣わされた「第二のアダム」とも呼ばれるが、最初から生殖可能な成人として造られたアダムと違って、人間の子に「受肉」したイエスには、様々なタイムラグを乗り越える微調整が必要だったのだ。

イエスが男であったことの利便性はもちろんそれだけではない。一世紀のナザレは四〇軒くらいしか家のない集落だった。ヨセフは大工で物づくりの職人であり、材料をリスペクトし神に感謝しながら厳密に仕事をし、そこで息子に技術を伝えた。イエスは神の子だったが、養父ヨセフによってユダヤ性、人間性を教育されたことになる。子なる神を養うことで「父性」を伝えたのがヨセフだった。ヨセフなしにはイエスは生きのびられなかったばかりではなく、本当の意味で「人の子」にはなれなかった。聖母はイエスに「体」を与え、ヨセフはイエスに系図（ダビデの家系）と名前を与えたと言われるが、ヨセフに守られ、ヨセフの背を見て育ったことが、神の子イエスを「等身大の人間」にしたのだろう。「受肉」が完成するためには、人間の母だけではなく人間の父が必要だった。そもそもマリアの方は、体を使って働く生活者ヨセフとは違い、聖書外典によると、裕福な家庭で、待ちに待った一人娘として生まれ、神殿の中で白鳩《しろはと》のように汚れなく育てられ、聖典を読むような知的な女性だった。「創世記」の男と女が「一対」で神の似姿であるように、イエスにも両親が必要で、彼が救世主としての使命に目覚めるためには祖母アンナと母マリアに直結する知的で霊的な流れだけではなく、「労働する生活者」である「男」ヨセフの薫陶《くんとう》を必要としたのである。

†「家長制」からの離脱

もっとも、イエスの運命は、堅実な生活者ヨセフの理解をはるかに超えるものだった。過越し祭のエルサレム巡礼の帰りに、一二歳の少年イエスがいないことに気づいた両親はあわてた。三日後に神殿に戻ると、少年は神殿の境内《けいだい》で学者たちの真ん中に座り、話を聞いたり質問したりしていて、その賢い受け答えで人々を驚かせていた。母のマリアは「なぜこんなことをしてくれたのです。御覧なさい。お父さんもわたしも心配して捜していたのです。」と叱責したが、少年は平然と「どうしてわたしを捜したのですか。わたしが自分の父の家にいるのは当たり前だということを、知らなかったのですか。」（ルカによる福音書2章48〜49節）と質問で返した。それに対して、ヨセフは何も言っていない。実の父ではないという自分の立ち位置を公然と突きつけられたヨセフが、心の中で畏怖したのかどうかはわからない。

聖書には書かれていないが、俗伝によれば、イエスは二〇歳の頃にはファリサイ派の教条主義を批判するようになり、周囲から嫌われていた。イエスの周りには若い信奉者が集まり、そのことですでにファリサイ派から嫌がらせを受けるようにもなっていたという。愛情深く、そのことに苦しんだヨセフは、息子のことを気にかけながら死んだ。

当時としては、すでに革新的、自由主義的ラビとしての立ち位置を確立していたイエスが、三〇歳を過ぎるまで公の活動を始めなかったのは、育ての父に心配をかけたくなかったからだというわけである。イエスを養い仕事の技術を教えたヨセフ亡き後でようやく、イエスは、当時の社会の標準環境だった父系制の家の枠から飛び出した。

もちろん、公に姿を現して、ユダヤの会堂などで説教をして回るようになるまでのイエスとその家族の言行や暮らしぶりについては、歴史的な検証に堪えるような記録は何も残っていない。けれども、聖書の外伝や黄金伝説などの多くの物語がキリスト教とキリスト教文化を形成していく中で、人々がイエスに投影したのが「家長の系譜」ではなく、男も女も家族の形態も無視した、「憐れみ」と「救い」の平等性だったことはよくわかる。

もしイエスが女に生まれていたら、現実の職を営む生活者の実感に根差した説教の説得力には欠けていたかもしれないし、家を出て荒野で断食をしたり、野宿をしながら仲間を引き連れて説教して回るという行為も困難だっただろう。また、堅実な家庭で育った三〇代の男であり、心身ともに力が充実した立場にあったからこそ、病者や女性などの社会的弱者に徹底的に寄り添うという生き方がより明確に示されたと思われる。

†「民族宗教」から「普遍宗教」へ

それだけではない。知的な母マリアに育てられたイエスは、女性たちと親しく交わり、インスパイアされた。イエスが、教えを伝えるために広く派遣しようとした男の弟子たちからではなく、いつもそばにいた女性たちとのやり取りの中で、自分の使命の自覚を確固たるものにしていった興味深い記述が福音書の中にある。

「カナンの女」のエピソードがそれだ。カナン人とはシリア、フェニキア系のギリシャ人で、ユダヤ人にとっては侮蔑《ぶべつ》すべき異教徒だった。イエスは何しろダビデの家系だというくらいだから、生粋のユダヤ人だ。イエスにとってユダヤの教えとは、ユダヤ人の民族宗教だった。

後によく言われるように、イエスの教えは「民族宗教」から「普遍宗教」へと拡大していく。最初の頃のイエスは、「ユダヤ人のユダヤ人によるユダヤ人のための救い」というイメージの枠内で活動し、形骸化した偽善的な律法主義を批判し、徹底的で斬新な「弱者ファースト」の教えを説いた。だからこそ、ローマ帝国の支配に反旗を翻そうとする一派からは政治的なあと押しを受けたし、律法主義の神殿の祭司たちからは疎まれて、結局は祭司たちとローマ総督との両方から「不穏な人物」として排除されることになった。

イエスが十字架上で刑死したことは弟子たちの失望と離反を招いたが、その死から「復活」することで、死に打ち克つ救世主として信仰の対象となった。それでも、その復活のイエスが四〇日後に「昇天」する時に、後は降りてくる「聖霊」に託すからと使徒たちに伝えた時、使徒たちは「主よ、イスラエルのために国を建て直してくださるのは、この時ですか」と、変わらぬ「ユダヤ人救済」の視線で尋ねた。するとイエスは「あなたがたの上に聖霊が降《くだ》ると、あなたがたは力を受ける。そして、エルサレムばかりでなく、ユダヤとサマリアの全土で、また、地の果てに至るまで、わたしの証人となる。」と答えた。イエスの福音を述べ伝える範囲は「地の果て」までだと言ったのだ（使徒言行録1章6〜8節）。

救いに地縁血縁の縛りを設けない「普遍宗教」としてのキリスト教がこうして誕生した。もちろんイエスは昇天の直前になって急に方針を変更したわけではない。当時のユダヤ人の生活を事細かく規定していた律法の厳守よりも、個々の人間の生き難さや苦しみに寄り添い、遵法よりも慈しみを優先するというやり方は、その活動の中で徐々に確固たるものになっていった。

特に、非ユダヤ人や支配者であるローマ人、サマリア人（ユダヤ人とルーツが同じだが、混血したり神殿を別に造ったり律法を全部は採用しないなどの理由で、最も嫌悪されていた）などの差別されていた人々や、姦通《かんつう》や売春を行う「罪の女」に対しても、彼らがどういう集団に属しているかは一切問題にしなかった。そればかりではない。ナザレのイエスが身についていたユダヤ性からほんとうに自由になったのは、女性たちとの出会いによってだった。

†カナンの女

それがうかがえるのが「カナンの女」との出会いだ（マタイによる福音書15章21〜28節）。カナンの女との出会いで興味深いのは、イエスの口からまずユダヤの偏見に基づいた差別的な言葉が発せられたことである。では、そのカナンの女とはどのような経緯で出会ったのだろうか。

イエスは弟子たちと共に船でガリラヤ湖を渡り、北西部のゲネサレトという土地に着いた。土地の人々はそれがイエスの一行だと知って、付近にくまなく触れて回った。その頃すでに、イエスは「治療師（ヒーラー）」としての高い評判を得ていて、その噂は、ガリラヤはもちろん周辺の地方にも広がっていた。

ゲネサレトの人たちがイエスの到着を触れて回ったのは、病人を連れてくるためだった。イエスの行った治療の中には、目が見えない者が突然視力を取り戻したり、皮膚病や精神病がただちに癒されたりというものから、死んだ少女が息を吹き返したり、死んでから数日経って埋葬されていた男が蘇ったりという華々しいものがたくさんあった。その癒しの力が認められていたからこそ、イエスの周りに信奉者が集まったし、その斬新な教えに耳を傾けて従う人々が群れをなすようになったわけだ。

イエスによる治癒は「その服のすそにでも触れさせてほしいと願った。触れた者は皆いやされた」（同14章36節）と言われるほどに目覚ましいものだった。巡行の大成功の後で、一行はガリラヤの北のティルスとシドンの地方に向かった。その地に生まれたカナンの女が進み出てきたのはその時だ。

女は、「主よ、ダビデの子よ、わたしを憐れんでください。娘が悪霊にひどく苦しめられています」と叫んだ。このような「悪霊」が、妄想を伴う精神疾患や多重人格などであったのかは定かではないし、イエスによる「奇跡の治癒」を、実証性がなく後に付け加えられたレトリックだと解する文献学者も存在する。けれども、ナザレのイエスの名声が、わずか数年でエルサレムの祭司たちにさえ脅威となったからこそ、イエスは捕らえられて処刑されたのだから、イエスに治療師としてのカリスマ性があったというのは事実なのだろう。

ところが、イエスのことを「主よ、ダビデの子よ」と呼び、娘の苦しみを訴えたこの女性に対してイエスは何も答えなかった。なぜだろうか。その前のゲネサレトでは「服の裾にでも触れて癒された」という記述がある。

また、「マルコによる福音書」にも有名なシーンがある。群衆の中からイエスの上衣の裾に後ろから近づいて触ってただちに癒された女のエピソードだ。その女はもう一二年も出血が止まらずひどく苦しんで、多くの医者にかかって全財産を使い果たしてもますます悪くなるだけで、血の穢れのためにおそらく社会的な差別も受けていた。

「せめて服にでも触れれば」と思い、イエスの服に触れて癒されたのだが、イエスは「自分の内から力が出て行ったことに気づいた」という。つまり、単に女の側の「気のせい」だったわけではなく、実際にイエスから女への「力」の伝達があったことになっている。そしてイエスは女に、「あなたの信仰があなたを救った。」（マルコによる福音書5章25〜34節）と言った。

カナンの女は、後ろからイエスに近づいて服に触れたわけではない。癒してほしいのは自分ではなく娘だからだ。イエスには彼女の声が聞こえていたはずなのに、それを無視したのだ。それでも女は必死にすがったのだろう。弟子たちがイエスに近寄って「この女を追い払ってください。叫びながらついて来ますので。」と進言した。するとイエスは、弟子たちをたしなめるどころか、女にあきらめさせるために、「わたしは、イスラエルの家の失われた羊のところにしか遣わされていない」と答えた。つまり、自分の使命は同じ神を拝するイスラエルのユダヤ人を助けることで、カナンの女はその対象ではないという意味だ。

†党派を乗り越えるイエス

それでも女はあきらめない。先述の「出血が止まらなかった女」のように、それまでも娘の悪霊を追い出してもらおうと医者や霊能者を頼ったが、どうにもならず切羽詰まっていたのかもしれない。女は去らずに、イエスの前にひれ伏し、「主よ、どうかお助けください」と言った。それでもイエスは、助けようと言わないばかりか、「子供たちのパンを取って小犬にやってはいけない」と答えた。「犬」の喩えは、ユダヤ人の異教徒に対する侮蔑表現だった。犬には古いパンはやっても、子どもたちの分を分けてはならない、つまり治癒はユダヤ人限定だというわけだ。

思えば、このイエスの言葉は、福音書の中でもかなり「不都合」な部分だ。数々の奇跡の治癒を讃えるためだけならば、キリスト教成立後に「救世主としてのイエス」を強調するためのレトリックが施されることは考えられる、しかしこのようにイエスの「不都合な部分」が残されたということは、その場に居合わせた弟子からの「口承」が残っていたという可能性が大きい。

しかも「カナンの女」のエピソードは、ルーツを異にする二つの福音書に出てくるので、その信憑性は高い。イエスはこの時、まずはユダヤ人の慣習に従って、「カナンの女」からの願いを、犬になぞらえて拒絶したのだ。

異教徒である自分の娘を「子犬」に喩えられて退けられたカナンの女は、それでも引き下がらない。「主よ、ごもっともです。しかし、小犬も主人の食卓から落ちるパン屑《くず》はいただくのです。」と言い返したのだ。そこでイエスはついに「婦人よ、あなたの信仰は立派だ。あなたの願いどおりになるように。」と答え、娘の病気は癒された。

イエスはカナンの女の理屈に説得されただけではなく、彼女の信仰を立派だと認めた。まさに、信仰と救いについての党派性をイエスが踏み越えた出来事だった。ユダヤ教から生まれたキリスト教が「普遍宗教」となった背景には、カナンの女の智恵があり、それに応えたイエスの気づきがあったのである。

（同じ「マタイによる福音書」の中にはカナンの女のエピソードより前に、「神聖なものを犬に与えてはならず、また、真珠を豚に投げてはならない。それを足で踏みにじり、向き直ってあなたがたにかみついてくるだろう。〔7章6節〕」というイエスの言葉がある。「カナンの女」のおかげで「犬」は招かれるようになり、「豚に真珠」という言葉だけが残ったというわけだ。）

†「百人隊長」の話

これ以前にもイエスは、やはりユダヤ人ではないばかりか、支配者側に属するローマ帝国の軍人にも公平に接している。カファルナウムに住み一〇〇人の部下を持つ百人隊長のエピソードだ。そして、これも病の治癒に関することである。

イエスの治療師としての名声はローマ兵にも浸透していた。その隊長の大切な部下が病気で重体となったので、彼はユダヤ人の長老たちを使いに立てて、部下を助けに来てくれるようにイエスに頼むことにした。「長老たちはイエスのもとに来て、熱心に願った。『あの方は、そうしていただくのにふさわしい人です。わたしたちユダヤ人を愛して、自ら会堂を建ててくれたのです。』そこで、イエスは一緒に出かけられた。」

ここでわかるのは、ローマ人ももちろん異教徒であったから、本来ならイエスが治癒の対象にする相手ではなかったが、その隊長はユダヤの会堂の出資者だったから、長老たちが特別に救ってくれるようイエスに頼んだことだ。

ところが途中まで来ると、イエスは百人隊長が送った使いの友人に出会った。早く来いという催促かと思ったがそうではなく、「主よ、御足労には及びません。わたしはあなたを自分の屋根の下にお迎えできるような者ではありません。ですから、わたしの方からお伺いするのさえふさわしくないと思いました。ひと言おっしゃってください。そして、わたしの僕《しもべ》をいやしてください。わたしも権威の下に置かれている者ですが、わたしの下には兵隊がおり、一人に『行け』と言えば行きますし、他の一人に『来い』と言えば来ます。また部下に『これをしろ』と言えば、そのとおりにします。」という伝言だった。この言葉を聞いて非常に感心したイエスは、「言っておくが、イスラエルの中でさえ、わたしはこれほどの信仰を見たことがない」と言って、行くのを取りやめたが、使いに行った人たちが家に帰ってみると、その部下は元気になっていた（ルカによる福音書7章2〜10節）。

「権威者の言葉に従う」という原則の世界で生き、それを適用してイエスの力を「主の力」と認める百人隊長の謙虚さと信頼に、イエスは感心したわけだ。結局イエスは彼の信頼に応えて、病人を訪ねることもなく癒した。

先の「カナンの女」の娘の所にもイエスは行っていない。「家に帰りなさい。悪霊はあなたの娘からもう出てしまった。」と女に言い、「女が家に帰ってみると、その子は床の上に寝ており、悪霊は出てしまっていた」(マルコによる福音書7章24〜30節)。イエスがその気になれば、衣の裾を触らせなくとも、言葉だけで人々は癒されるのだ(この「マルコによる福音書」のヴァージョンによれば、そもそもイエスは異郷の地カナンで積極的な布教をしようという気はなかったようだ。イエスは「ティルスの地方に行かれた。ある家に入り、だれにも知られたくないと思っておられたが、人々に気づかれてしまった。汚れた霊に取りつかれた幼い娘を持つ女が、すぐにイエスのことを聞きつけ、来てその足もとにひれ伏した」(7章24〜25節)とある)。

とはいっても、カナンの女という、差別され「犬」と喩えられる側からの訴えと、ローマの軍人で、ユダヤの長老たちにも恩を売って従わせることのできる権力者側からの訴えでは種類が違う。イエスは確かに女たちの智恵に出会い、女たちから学んだ。その時代のその地域で「男」として生まれたイエスは、完全な「父の子」となるためには女たちとの出会いを必要としたのだ。女たちとの出会いによって、イスラエル限定の神は普遍的な神へと進化したのである。

†サマリアの女

それだけではない。イエスの福音を普遍的なものとして宣べ伝えることに大きな役割を果たすもう一人の「異教の女」との出会いがあった。「サマリアの女」である。前述したように、サマリア人はユダヤ人と同じルーツを持ちながら、神殿や律法を異にする分派だったので、近親憎悪のように嫌われていた。

その「サマリアの女」がなんと、福音宣教の担い手となったのだ。しかも、彼女は癒してほしい病気や障害があるわけでも、そのような家族を抱えているわけでもない。彼女はたまたま「メシア信仰」を持っていて、イエスと出会い、彼の言葉を信じた。その顛末は「ヨハネによる福音書」（4章）に書かれている。

イエスと弟子たちはユダヤを去り、再びホームであるガリラヤに戻るところだった。けれども、そのためにはサマリア地方を通る必要がある。その途中でシカルという町に来た。その町は、イスラエルの一二部族の祖であるヤコブ（アブラハムの孫）が最も愛していた息子ヨセフに与えたといわれる土地の近くで、「ヤコブの井戸」と呼ばれる井戸があった。旅に疲れたイエスは、その井戸のそばに座って休むことにした。弟子たちは食べ物を買うために町に行っていて、イエスは一人だった。正午頃のことだ。

イエスは喉も渇いていただろうが、井戸から水を汲むすべがない。そこに水を汲みにやって来たのが「サマリアの女」だ。その女に「水を飲ませてください」とイエスは頼んだ。サマリアの女は「ユダヤ人のあなたがサマリアの女のわたしに、どうして水を飲ませてほしいと頼むのですか」と言った。その井戸を使うのは周辺に住むサマリア人だけで、イエスはすぐによそ者であると見抜かれたのだろう。ユダヤとガリラヤの間に位置する場所だから、ユダヤ人の旅人だということもすぐにわかる。そして、ユダヤ人がサマリア人を見下して口もきかないことはよく知られていた。

イエスの答えは「もしあなたが、神の賜物《たまもの》を知っており、また、『水を飲ませてください』と言ったのがだれであるか知っていたならば、あなたの方からその人に頼み、その人はあなたに生きた水を与えたことであろう。」というものだった。

最初に「水を飲ませてください」と謙虚に頼んだわりにはずいぶん上から目線の言葉に変わっている。「ヨハネによる福音書」は「イエスはキリスト（救世主）である」という信仰が確立されてから書かれたもので、言行録というよりも宗教としてのキリスト教の教えを表現したものだからだろう。それでも興味深いのは、この時サマリアの女が、イエスの話のトーンが唐突に変わったことに対して、「自分は神に遣わされたものである」という含意を即座に理解したうえで、しっかりと合理的な質問を返していることだ。

女は「主よ、あなたはくむ物をお持ちでないし、井戸は深いのです。どこからその生きた水を手にお入れになるのですか。あなたは、わたしたちの父ヤコブよりも偉いのですか。ヤコブがこの井戸をわたしたちに与え、彼自身も、その子供や家畜も、この井戸から水を飲んだのです。」と言った。この言葉は、ユダヤ人もサマリア人もヤコブという同じ祖を持つという認識に立っている。

これに答えたイエスはまた「教え」を説いた。「この水を飲む者はだれでもまた渇く。しかし、わたしが与える水を飲む者は決して渇かない。わたしが与える水はその人の内で泉となり、永遠の命に至る水がわき出る。」と、その前の発言での思わせぶりな「あなたに生きた水を与える人」があっさりと「わたし」に変わっている。

すると女はすぐにそれを受け入れて、「主よ、渇くことがないように、また、ここにくみに来なくてもいいように、その水をください。」と頼み、「水を求める」立場は突如逆転する。これは「宣教」の脈があると思ったのか、イエスは「行って、あなたの夫をここに呼んで来なさい」と言われた。この部分では、女に宣教する時にはまずその主人である「夫」を納得させる必要があるという、当時のパレスチナ社会の「常識」が表現されている。

†イエスの自己開示

ところが女は意外にも、「わたしには夫はいません」と答えた。イエスはまるで「夫を呼べ」という先の言葉が女を試すために言ったのであるかのように、今度は、「『夫はいません』とは、まさにそのとおりだ。あなたには五人の夫がいたが、今連れ添っているのは夫ではない。あなたは、ありのままを言ったわけだ。」と突然具体的な、しかも普通ではない状況を言い当ててみせる。驚いた女は、「主よ、あなたは預言者だとお見受けします。」と確信する。

では、サマリア人とは違ってエルサレムの神殿で神を礼拝するユダヤ人のこの男が、真の預言者なのだろうか。その疑問も女はちゃんと言語化する。「わたしどもの先祖はこの山で礼拝しましたが、あなたがたは、礼拝すべき場所はエルサレムにあると言っています。」と述べたのだ。この山とはゲリジム山のことだ。モーセが奴隷状態だったユダヤ人をエジプトから連れ出した後、神から与えられた律法をあらためて述べた「申命記《しんめいき》」の中で、パレスチナに戻った後でゲリジム山を祝福せよ、と言ったとある（11章29節）。「ゲリジム山の神」と「エルサレムの神殿の神」とが、サマリア人とユダヤ人を決定的に分けていた。

前述したように、この「ヨハネによる福音書」は、イエスの受難と復活を経て普遍的なキリスト教が成立した後で書かれたものだから、サマリアの女に対するイエスの答えは、ユダヤの聖地とサマリアの聖地のどちらが正しい場所か、などというものではない。

イエスは、「婦人よ、わたしを信じなさい。あなたがたが、この山でもエルサレムでもない所で、父を礼拝する時が来る。あなたがたは知らないものを礼拝しているが、わたしたちは知っているものを礼拝している。救いはユダヤ人から来るからだ。しかし、まことの礼拝をする者たちが、霊と真理をもって父を礼拝する時が来る。今がその時である。なぜなら、父はこのように礼拝する者を求めておられるからだ。神は霊である。だから、神を礼拝する者は、霊と真理をもって礼拝しなければならない。」ときわめて神学的な答え方をしている。

サマリアの女はこれも的確に受け止めて、「わたしは、キリストと呼ばれるメシアが来られることは知っています。その方が来られるとき、わたしたちに一切のことを知らせてくださいます」と、信仰の共通基盤を口にした。そこでイエスはようやく、「それは、あなたと話をしているこのわたしである。」と答えた。自分こそがヤコブを祖とするユダヤ一二部族すべてのメシア（救世主）であると表明したわけだ。

†女が「普遍」の道を開く

ちょうどその時、弟子たちが帰って来て、イエスがサマリアの女と話をしているのを見て驚いた。女と二人きり、しかも忌避《きひ》すべき「サマリアの女」と話をしているのだ。信仰問答のただならぬ気配を察したのか、弟子たちは、何を話しているのかと尋ねることすらできなかった。

弟子たちは大切な局面で質問を口にしない。見知らぬユダヤ人に質問し、対話し、臆せずに真実に近づいていったサマリアの女とは対照的だ。それだけではない。女が去った後、弟子たちが「ラビ、食事をどうぞ」と勧めると、イエスは「わたしにはあなたがたの知らない食べ物がある」と言った。それを聞いた弟子たちは、『「だれかが食べ物を持って来たのだろうか』と互いに言った」とある。

その後でイエスは「わたしの食べ物とは、わたしをお遣わしになった方の御心を行い、その業を成し遂げることである。」と説明したが、このやりとりはその前のサマリアの女とのやりとりとは違っている。井戸の水の話をしていたはずのイエスが急に「あなたに生きた水を与える」云々と不可解なことを言いだしたときに、すぐに「どこからその生きた水を手に入れるのか」と問い返した。そこで対話がつながった。

それなのに弟子たちは、イエスとサマリアの女の話の内容を知りたがるわけでもなく、食事を勧められたイエスが「あなたたちの知らない食べ物」という不可解な言葉を発した時に、「それは何ですか、どこにあるのですか」とイエスに質問することもなく、自分たち同士で「だれかが食べ物を持って来たのだろうか」と推測を述べ合っただけだった。サマリアの女のリアクションの速さ、信仰に関わる深い話の展開のすぐ後に、弟子たちが見せたこのような鈍い反応にイエスは失望したのかもしれない。

しかも、水を汲みに来たはずの女は、水がめをそこに置いたまま去ったが、それは町に戻って人々にイエスのことを知らせるためだった。「さあ、見に来てください。わたしが行ったことをすべて、言い当てた人がいます。もしかしたら、この方がメシアかもしれません。」と言い広め、それを受けて人々は町を出て、イエスのもとへやって来たという。

五人の夫の後で夫でない男と暮らしているという、決して規範的な生活をしているわけではない一人の女のこの言葉を聞いて、人々がすぐに反応したこともなかなか印象的だ。この女が、もともと人々に信頼されている信仰深い女だったのか、それを告げた時の口調に真実がこもっていたからなのかはわからない。ともかく、「この方が、わたしの行ったことをすべて言い当てました」と証言した女の言葉によって、その町のサマリア人の多くがイエスを信じ、イエスのもとにやって来て、自分たちのところに留まるようにと頼んだ。結局イエスは、二日間サマリアに滞在することになった。

弟子たちのいない間に、イエスとサマリアの女との間でどのような会話が行われたか、その細部が誰によって伝えられたのかということをここで問題にする必要はない。前述したように、「ヨハネによる福音書」は他の福音書よりも後に書かれたもので、イエスが永遠の命を説くために神から遣わされた神の言葉（ロゴス）であり、メシアであるというキリスト教の方針を示した一種の説教文学でもあるからだ。

それでも、このエピソードは、より口伝に近い「カナンの女」のエピソードと通底している。つまり、分派して反目《はんもく》し合っていたユダヤ人とサマリア人のそれぞれの神や律法の差を超えて、キリスト教が「すべての隣人を愛する普遍宗教」となった経緯の表現であるこのサマリアのエピソードも、「カナンの女」と同じく、智恵と信仰を併せ持つ「女」の姿を通して描かれているのだ。

†男の弟子たちの不甲斐なさ

一方、弟子たちはカナンの女を追い払うことをイエスに勧めたし、サマリアの女とイエスのやり取りも、その後のイエスの言葉も理解しようとしなかった。実際イエスが、弟子たちの不明さを嘆くような場面は福音書に一度ならず出てくる。

イエスがファリサイ派の律法の適用を批判したことについて語ろうと群衆を呼び寄せて、「聞いて悟りなさい。口に入るものは人を汚さず、口から出て来るものが人を汚すのである。」と言った後のことだ。弟子たちが近寄って来て、「ファリサイ派の人々がお言葉を聞いて、つまずいたのをご存じですか」ときいたのを受け、イエスはそれをうっちゃっておくように言って「彼らは盲人の道案内をする盲人だ。盲人が盲人の道案内をすれば、二人とも穴に落ちてしまう。」と答えた。けれども一番弟子であるはずのペトロにはその意味がわからず、彼は「そのたとえを説明してください」とイエスに頼んだ。それを聞いたイエスは、群衆だけではなく弟子にすらまだ説明が必要なのかと、苛立ったように「あなたがたも、まだ悟らないのか。」と言ったという（マタイによる福音書15章10〜16節）。弟子たちがイエスに寄せる信頼や信仰の欠如もまた、イエスを苛立たせた。弟子たちといっしょに船に乗っていた時のエピソードを見てみよう。

イエスが舟に乗り込まれると、弟子たちも従った。そのとき、湖に激しい嵐が起こり、舟は波にのまれそうになった。イエスは眠っておられた。弟子たちは近寄って起こし、「主よ、助けてください。おぼれそうです」と言った。イエスは言われた。「なぜ怖がるのか。信仰の薄い者たちよ。」そして、起き上がって風と湖とをお叱りになると、すっかり凪になった。（マタイによる福音書8章23〜26節）

イエスが捕らわれた時に裏切ったのも、弟子の一人であるユダという男だった。一番弟子のペトロでさえ、巻き添えになるのを恐れてイエスのことを知らない、と三度も嘘をついた。イエスが十字架上で息絶えて埋葬されてから、三日目に「復活」した時も、それを知った婦人たちはすぐにそれを信じて伝えたが、弟子たちは幽霊を見たように驚いたし、トマスのように脇腹の傷に指を入れてみるまでは信じられないなどと言って、イエスを嘆かせた弟子もいる。

とはいえ、弟子たちの無知や不信については嘆くだけだったイエスも、あらゆる偽善者には激しい嫌悪を隠さなかった。そして社会的な承認欲求に従って偽善的な態度をとるものはたいてい男たちだった。イエスが糾弾したのは、特に宗教的な断食や安息日にまつわる偽善だった。律法で定められた施しや献金や祈禱などを厳格に守るファリサイ人たちは、イエスや弟子たちがしばしば安息日を守らないことを非難したが、イエスはこれらの律法の本質は神や人に対する「愛」にあるものだと反論した。弟子たちにもこのことを何度も注意している（マタイによる福音書6章）。

「見てもらおうとして、人の前で善行をしないように注意しなさい。さもないと、あなたがたの天の父のもとで報いをいただけないことになる。だから、あなたは施しをするときには、偽善者たちが人からほめられようと会堂や街角でするように、自分の前でラッパを吹き鳴らしてはならない。はっきりあなたがたに言っておく。彼らは既に報いを受けている。」と言い、「施しをするときは、右の手のすることを左の手に知らせてはならない。」とも言う。

偽善者とは祈る時にも「人に見てもらおうと、会堂や大通りの角に立って祈りたがる」者であり、断食する時には、「断食しているのを人に見てもらおうと、顔を見苦しくする」者だから、弟子たちには「祈るときは、奥まった自分の部屋に入って戸を閉め、隠れたところにおられるあなたの父に祈りなさい。」とまで語っているのだ。

†偽善と戒律

ファリサイ人だけでなく「異邦人」も悪い例として挙げられる。「あなたがたが祈るときは、異邦人のようにくどくどと述べてはならない。異邦人は、言葉数が多ければ、聞き入れられると思い込んでいる。」からだ。

ユダヤ人の中でも、ローマのために税を取り立てる徴税人は、自分の給与もその税からまかなっていることもあり蔑《さげす》まれていたが、偽善者ではなく、イエスに呼ばれてすぐに付き従った使徒マタイのような人もいる。この点についてイエスの教えは明確だ。

「二人の人が祈るために神殿に上った。一人はファリサイ派の人で、もう一人は徴税人だった。ファリサイ派の人は立って、心の中でこのように祈った。『神様、わたしはほかの人たちのように、奪い取る者、不正な者、姦通を犯す者でなく、また、この徴税人のような者でもないことを感謝します。わたしは週に二度断食し、全収入の十分の一を献げています。』ところが、徴税人は遠くに立って、目を天に上げようともせず、胸を打ちながら言った。『神様、罪人のわたしを憐れんでください。』言っておくが、義とされて家に帰ったのは、この人であって、あのファリサイ派の人ではない。だれでも高ぶる者は低くされ、へりくだる者は高められる。」（ルカによる福音書18章10〜14節）

というわけである。単に「偽善者が悪くて謙遜するものが偉い」という話ではない。他の普遍宗教にも同じような教えがある。仏教では大乗《だいじょう》の菩《ぼ》薩《さつ》戒《かい》である十重禁戒《じゅうじゅうごんかい》の中に、「不自賛毀他戒《ふじさんきたかい》」というのがある。自賛する心の中には、他を貶《けな》したり謗《そし》ったりする気持ちが潜んでいるので、それを同時に戒めるものだ。

ファリサイ派の人が自分の信心が完璧だと誇ることは、徴税人を含む「他の人たち」を貶めることとセットになっているという考えも、これと同じだろう。他と比べて自己を評価しようとして、その基準に、本来は神との関係であるはずの律法などを持ってくること自体が偽善となる。

「高ぶる者は低くされ、へりくだる者は高められる」という逆説でイエスが語ろうとしたのは、様々な戒律の根本には、その依って立つ心の持ち方がまず存在するということだ。

イエスにとってはそれが「愛」だった。

しかもその教えのすぐ後に、イエスからの祝福を得るために人々が乳飲み子までも連れて来るというエピソードが語られる。乳飲み子というから、連れてきたのは女たちだったのだろう。弟子たちはこれを見て叱った。ところが、イエスは乳飲み子たちを呼び寄せて「子供たちをわたしのところに来させなさい。妨げてはならない。神の国はこのような者たちのものである。はっきり言っておく。子供のように神の国を受け入れる人でなければ、決してそこに入ることはできない。」（同18章16〜17節）と言った。

乳飲み子には自分を他と比べて評価するような心はまだ生まれていない。へりくだる必要さえないのだ。へりくだる必要があるのは、すでに世間的な評価や権威、権力を有している者だ。「乳飲み子」と乳飲み子を連れてやってくる女たちは、イエスにとって無条件の「愛」の模範だった。それでなくとも、女には社会的な承認欲求のためにポーズをとったりレトリックを駆使する場がなかったからこそ、シンプルで正直であり、人を信頼するハードルが低かったのだと言えるだろう。

それに比べて「教え」を「知識」や「権威」と結びつけずにはおれない男の弟子たちは、闖入《ちんにゅう》してきた女子どもを「叱った」。その結果、イエスに「女子ども」の方が神の国を受け入れている、と言われてしまったわけだ。このことについては、イエスが明快に態度を示しているので、今もキリスト教の教会でのミサなどの典礼に「乳飲み子」を連れてくることは禁止されないし、赤ん坊が泣いても、みなが受容するのが基本だ。人々が金を払ってやってくる演奏会や演劇や高級レストランや交通機関などでのマナーとは、本質的に違っているのだ。

†パウロのダブルスタンダード

では、この「女子ども優先」の原則が、その後のキリスト教社会でどう展開したかというと、そこではイエスの嫌ったダブルスタンダードが定着することになった。愛の本能で結びついている「女子ども」が、「神の国」により近いところにいるという「教え」を「なかったことにする」ことは不可能だ。けれどもキリスト教が男性司祭主導の「父と子」の宗教であり、中世の父権制を補強するツールとして定着していく中で、「信仰の場」としての聖地や教会は、女子どもを囲い込む場所、避難場所、教育施設でもあり、男性優位社会の減圧装置としての機能を担っていった。

神と高位聖職者（その多くは貴族の家系の出身だった）を担保にして権力保持に勤しむ男たちにとって、「信心会《しんじんかい》」は情報と資金を共有するサークルとなったし、教会は女たちの社交の場であると同時に「貞淑《ていしゅく》」のための安全装置だった。庶民にとっても、各地に浸透した小教区は生活のリズムと共同体の互助の基盤になったし、厄介ごとの調停の場所にもなった。

当然ながら、キリスト教の初期共同体にも男性優位社会の現実は反映していた。ギリシャ語圏ヘレニズム世界においてキリスト教の基礎を創った聖パウロですら、後世のフェミニストから、その「男尊女卑」ぶりを攻撃されている。代表的なものを挙げておこう。

だから、わたしが望むのは、男は怒らず争わず、清い手を上げてどこででも祈ることです。同じように、婦人はつつましい身なりをし、慎みと貞淑をもって身を飾るべきであり、髪を編んだり、金や真珠や高価な着物を身に着けたりしてはなりません。むしろ、善い業で身を飾るのが、神を敬うと公言する婦人にふさわしいことです。婦人は、静かに、全く従順に学ぶべきです。婦人が教えたり、男の上に立ったりするのを、わたしは許しません。むしろ、静かにしているべきです。なぜならば、アダムが最初に造られ、それからエバが造られたからです。しかも、アダムはだまされませんでしたが、女はだまされて、罪を犯してしまいました。しかし婦人は、信仰と愛と清さを保ち続け、貞淑であるならば、子を産むことによって救われます。(テモテへの手紙一2章8~15節)

ここであなたがたに知っておいてほしいのは、すべての男の頭《かしら》はキリスト、女の頭は男、そしてキリストの頭は神であるということです。男はだれでも祈ったり、預言したりする際に、頭《あたま》に物をかぶるなら、自分の頭を侮辱することになります。女はだれでも祈ったり、預言したりする際に、頭に物をかぶらないなら、その頭を侮辱することになります。それは、髪の毛をそり落としたのと同じだからです。女が頭に物をかぶらないなら、髪の毛を切ってしまいなさい。女にとって髪の毛を切ったり、そり落としたりするのが恥ずかしいことなら、頭に物をかぶるべきです。男は神の姿と栄光を映す者ですから、頭に物をかぶるべきではありません。しかし、女は男の栄光を映す者です。というのは、男が女から出て来たのではなく、女が男から出て来たのだし、男が女のために造られたのではなく、女が男のために造られたのだからです。（コリントの信徒への手紙一11章3〜9節）

けれどもパウロは、律法文化だったユダヤ人のためだけではない「普遍宗教」としてのキリスト教の基礎を固めた人だから、最終的な救いにおける地縁血縁の優位は否定している。そこには当然、身分の差や男女の差も含まれる。有名な「ガラテヤの信徒への手紙」に出てくる「あなたがたは皆、信仰により、キリスト・イエスに結ばれて神の子なのです。

洗礼を受けてキリストに結ばれたあなたがたは皆、キリストを着ているからです。そこではもはや、ユダヤ人もギリシア人もなく、奴隷も自由な身分の者もなく、男も女もありません。あなたがたは皆、キリスト・イエスにおいて一つだからです。」（3章26〜28節）という言葉は、イエスの教えの根本にあった平等主義を正しく追認したものだ。

†「母」の力

もともと、ユダヤ人のメンタリティにおいて、「女」は別としても「母」の力は大きかった。ユダヤの諺《ことわざ》に「神はいたるところにいられないので、母親たちを創造した」というものがある。母親とは神のアシスタントだというわけだ。

キリスト教が生まれ広がったパレスチナ世界やラテン世界は、父権的なイメージが強い。「キリスト教が女神信仰を抑圧し女性原理を隠匿《いんとく》した」というテーマのミステリー小説が話題になったのは記憶に新しいが、少なくとも、家庭内ではユダヤ家族でもラテン家族でも、「母親」の存在感が大きそうだ。今でも、ユダヤ人男性と非ユダヤ人女性の結婚がうまくいかない理由は、夫が母親の庇護《ひご》から抜けられない、いわゆるマザコンであったからという例が本当に多い。

実際、神を母親のようにイメージすることは、決して珍しいことではない。キリスト教初期の教父の言葉にも「神は父であるが、神ほど母なるものもない。なぜなら、神は言葉よりも涙のほうに気をとめて理解してくれるからだ」というのがある。

アルスの司祭という名で有名なフランスの聖人ビアンネ神父（一七八六〜一八五九）は、神は幼子《おさなご》を抱く母親のようなものだという比喩を残した。その子は「きかない子」で、母親の腕の中で、足で蹴ったり、かみついたり、ひっかいたりしている。でも母親はそれを気にしないばかりか、その子が一人で歩けず、手を離せば落ちてしまうことを知っている。そのように神も、われわれの暴挙に耐えているのだ。

キリスト自身についても、自らを犠牲として捧げることで人々の罪を贖うというやり方は、攻撃や罰をいとわなかった旧約聖書の神のイメージとは打って変わって、母性的で受動的な我慢強さを感じさせる。十字架のイエスから流れた血を受けたという聖杯伝説も、その血によって人々を救い養うと連想されたわけだから、「女性原理の隠匿」どころか母なる豊饒をシンボリックに包含した感すらあるのだ。

†香油の女と罪の女

これまでに述べたように、イエスは女性を高く評価し、偽善や無駄な自尊の誘惑に弱い男たちを批判することの方が多かった。「乳飲み子」も含めて、女子どもをそばにおくことを好んだし、女性を信頼し、女性を見下したり仲間に入れたがらなかったりする弟子をたしなめた。ベタニアで病人の家に弟子たちといて食事をした時の「香油の女」のエピソードも印象深いものだ（マタイによる福音書26章7～13節）。

一人の女が、きわめて高価な香油の入った石膏の壺を持って近寄り、食事の席に着いておられるイエスの頭に香油を注ぎかけた。それを見た弟子たちは憤慨して「なぜ、こんな無駄使いをするのか。高く売って、貧しい人々に施すことができたのに。」と言った。「施しが徳である」という刷り込みからは当然の反応だった。ところが、それを聞いたイエスは、「なぜ、この人を困らせるのか。わたしに良いことをしてくれたのだ。貧しい人々はいつもあなたがたと一緒にいるが、わたしはいつも一緒にいるわけではない。この人はわたしの体に香油を注いで、わたしを葬る準備をしてくれた。はっきり言っておく。世界中どこでも、この福音が宣べ伝えられる所では、この人のしたことも記念として語り伝えられるだろう。」と言ったのだ。

このエピソードの信憑性や解釈は別としても、イエスに香油を注ぎたいという女の計算抜きの「思い」の方が、香油の価値を換算して有効利用を主張する男たちの現実主義よりも評価されたと言えるだろう。

このように智恵や徳がある、信仰の深い女たちばかりではない。聖書には、有名な「罪の女」のエピソードもある（ヨハネによる福音書8章3〜11節）。姦通の現場で捕らえられた女が律法の規定通りに、男たちから石打刑を宣告されようとした時、律法学者たちやファリサイ派の人々がわざわざ女を連れてイエスの意見を聞きに来た。

ことは安息日のちょっとしたルール違反などではない。死刑に値する罪の「現行犯」だ。イエスを試そうとしたということは、「女」たちを無条件でリスペクトするという、当時の男たちには理解不能なイエスの言動がすでに広く知られていたからだろう。「先生、この女は姦通をしているときに捕まりました。こういう女は石で打ち殺せと、モーセは律法の中で命じています。ところで、あなたはどうお考えになりますか。」と聞かれたイエスが女を救うのなら、明らかな律法違反だと弾劾できる。

ところがイエスは、少し間をおいてから、有名な「あなたたちの中で罪を犯したことのない者が、まず、この女に石を投げなさい。」という言葉を口にした。

これを聞いた者は、年長者から始まって一人また一人と立ち去ってしまい、イエスと、真ん中にいた女だけが残った。律法学者やファリサイ人は、律法の権威として互いを認め合った仲だ。表向きの教条主義的な主張とは裏腹に、内輪では互いの小さな「罪」を「お目こぼし」し合っていた仲でもあるだろう。それ自体は人間的なことで不思議ではない。

しかし、それを不問に付して自分の徳だけを掲げ他者の過ちを赦さないというまさに「自賛毀他」の生き方こそが問題なのだ。

年長者がまっさきに立ち去ったのは、自分の良心に恥じたからだったのか、自分の「ちょっとした罪」が他の男たちに知られていることを自覚していたからだったのかはわからないが、こうなると、もう誰も罪の女を裁くことなどできなかった。この時発した律法学者たちへのイエスの言葉は、「人を裁くな。あなたがたも裁かれないようにするためである。」（マタイによる福音書7章1節）という自分の言葉を言い直したものだったわけだ。

このように、父権制社会の中で信仰としてのキリスト教が成立した後で編纂された福音書の中でさえも、イエスが女性をリスペクトし、女性といること、話すことを好んだことがよくわかる。イエスが「しかし、わたしは言っておく。みだらな思いで他人の妻を見る者はだれでも、既に心の中でその女を犯したのである。」（マタイによる福音書5章28節）と言ったのは、「ファリサイ人も真っ青な厳格主義」なのではなく、女性へのリスペクトを絶対化しようとする意図の現れに過ぎない。社会的マイノリティである女性を「人間の男」としてのイエスの教えの中に統合することは、「普遍宗教」としてのキリスト教アイデンティティに関わる不可欠なことだったのだ。

二〇〇〇年経っても、それは達成されていない。

第三章

聖母の登場

——マリア崇敬が女神信仰を温存した

ボッティチェリ「聖母子（書物の聖母）」（イタリア、ポルディ＝ペッツォーリ美術館所蔵）

†イヴとマリア

キリスト教の初めから、イエスはアダムと対比されてきた。アダムという一人の男の罪がすべての人を罪に落とし、イエスという一人の男がその罪を贖ったとされたからだ（「そこで、一人の罪によってすべての人に有罪の判決が下されたように、一人の正しい行為によって、すべての人が義とされて命を得ることになったのです」〔ローマの信徒への手紙5章18節〕）。さらにイエスは「新しいアダム」だとも称された。そのイエスを産んでこの世に送ったマリアは、イエスによる救済の業の協働者だともいえる。

二世紀のリヨン司教イレニウスは「イヴの不信による縛りがマリアの信仰によって解かれた」と表現している。そのマリアを「新しいイヴ」と位置づけるためにはもう一つのレトリックがある。イエスが人間の性行為によってではなく「聖霊」によって生まれたとされたように、マリアも、ヨアキムとアンナという両親がいたにもかかわらず、アダムとイヴ以降の人間が原罪を抱えて、産みの苦しみと共に生まれたのとは違って、「原罪」なくしてアンナの胎に宿った、という信仰だ。

それは一九世紀になり、カトリック教会では「教義」という位置づけにまでなった。また、アダムとイヴが楽園から追われて「堕天《だてん》」したというイメージを反転させるために、復活したイエスが弟子たちの目の前で昇天したように、マリアも弟子たちの目の前で天使によって天に上げられ（被昇天《ひしょうてん》）、神の母として冠を授けられることになった。

東方正教会の聖母は死んでから天に上がったのではなく永遠の眠りについたが、多くの民間信仰と習合したヨーロッパのカトリックは、あくまで「女王の姿」にこだわった。

ヨーロッパ中世の宗教熱の中で戦いに明け暮れる騎士たちは、理想の貴婦人の姿をマリアに重ねた。一一世紀の十字軍を最初に煽動した一人であるアデマール・ド・モンテイユは、兵士たちの士気を高めるために、マリアに女王（レジーナ）と呼びかける情熱的なサルヴェ・レジーナの祈りを書き、それは今でもアヴェ・マリアと並んで最もポピュラーな祈りとなっている。

マリアのステータスが上がるにつれて、同時に、いわばマリアによって呪いを解かれたイヴも「帰天《きてん》」した。天国でのイヴの位置はマリアのすぐ下で、ダンテの『神曲』（天国篇第32歌）には、至高天にあるバラの花状の聖座の中心にマリアがいて（マリアの上には父なる神と子なる神がいる）、そのマリアの足元にイヴがいる。イヴは「キリストの傷口を刺して開いた美しい女」だと形容される。そしてイヴがつくったその傷口に香油を塗って閉ざしたのがマリアだという。イヴとマリアはキリストをめぐって、光と影のように罪と救いの物語を彩っている。

†聖アンナとその娘

ヨーロッパの民衆のイメージの中には、聖母子に先行する母子関係がもう一つあった。マリアの母である聖アンナとマリアの関係だ。

アンナとマリアとイエスは、聖母子の入れ子構造のように描かれることもある。先に述べたようにマリアは、その母アンナの胎に宿ったときから原罪を免れていたという信仰があったせいか、民衆のイメージの中ではアンナの夫ヨアキムの存在感も、マリアの夫ヨセフの存在感も同様に薄かった。「アンナ－マリア－イエス」の三人は、長い間「母子の連鎖」として捉えられ、「三位《さんみ》の聖アンナ」という図も登場した。大きなアンナの膝に一回り小さなマリアが座り、その膝にまた小さなイエスがのっているという構図だ。

その中で、母による子の教育の継承の図像化も繰り返されてきた。マリアの母子像といえば「マリアに読み書きを教えるアンナ」のテーマが多いし、ボッティチェリの聖母子像には、本を読むマリアに問いかけているようなイエスの姿がある。困ったマリアが、仕方がないから赤ん坊に字の説明をしているようにも見える。そのような母の姿を見て育ったから、イエスは偏見を持つことなく女たちと知的なやりとりができたのかもしれない。

福音書にはアンナの名は出てこない。だからこそアンナは、神学上の規制や牽制を受けることなく、キリスト教布教以前の土俗の異教の母神を、マリアよりもさらに自由に継承することができた。マリアが「神の母」と認められたのは、四三一年のエフェソスの公会議においてだ。この公会議の焦点は、イエスが人間であると同時に神でもあることを認めるかどうかだった。

エフェソスはかつて栄えた商業都市で、現在のトルコにあたる、古くからアルテミスの女神信仰が強いところだった。世界の七不思議に数えられる伝説的な大神殿でも知られている。アルテミスはギリシア神話ではゼウスの娘で、太陽神アポロの双子のきょうだいで月の女神だとも言われているが、小アジアでは、もともとあった大地母神信仰と習合したものだったと思われる。新約聖書にパウロによる「エフェソの信徒への手紙」が収録されているように、ここには初期のキリスト教共同体があった。

あえてマリアに言及しないパウロは、エフェソスの人々のアルテミス信仰を偶像崇拝だと見なして警戒していたと思われる。けれども、古代から根付いた心性は変わるものではなく、五世紀の公会議によって、イエスの神性が認められると同時にマリアが「神の母」となったことで、キリスト教はヨーロッパを含むすべての母神信仰と折り合いをつけることになった。福音書やパウロの書簡などにマリアの言及が少ないこと自体が、各地の女神との融合をよりたやすいものにした。中世以降のヨーロッパでも、マリアは各地の名を冠したノートルダムとして変幻自在の姿で崇敬されている。

神の母のそのまた母であるアンナは神の祖母にあたることから、さらなる聖性を託された。アンナの名が一気にメジャーになったのは、フランスのブルターニュ地方における巡礼地の出現以来だった。もともとケルト文化の伝統が強いところだから、ケルトの女神と置き換えられたのだろう。一六世紀には教皇グレゴリウス一三世が、聖アンナの祝日を正式に典礼カレンダーに組み込み、一七世紀には義務化された。

その頃のヨーロッパは、聖母も含めたすべての聖人信仰を偶像崇拝だと否定するプロテスタントとの宗教戦争をすでに経た時代だった。カトリックに留まって王権神授の絶対王政に突入したフランスでは、ブルターニュで聖アンナの姿が現れたとされる場所に礼拝堂が建てられた。ルイ一三世の王妃であるアンヌ（アンナ）が、自らの守護聖女である聖アンナに世継ぎとなる男子出産の願《がん》をかけ、ブルターニュの住民は毎日、世継ぎの誕生を聖アンナに祈った。そして後の太陽王ルイ一四世が生まれたので、ルイ一三世はフランスをノートルダムに奉献し、ブルターニュには聖アンナの大聖堂を建設させた。巡礼により町は栄え、一九世紀にはフランス革命後に再建された聖堂がバジリカ聖堂という名誉称号を獲得し、聖アンナの像に冠を被せることが教皇ピウス九世から許可された。サルヴェ・レジーナで女王と称えられたマリアの母アンナも「母后《ぼこう》」としてついに戴冠したのだ。

†願い事を託されるマリア

母アンナから読み書きを習い、常に本を読み、その知識を息子イエスにも伝えたであろうと思われるマリアの「知的な女性」という面は、聖書外典でしか語られないアンナの姿とは違って、実は福音書の中にもうかがえる。

一方で、マリアは長い間、「母神」のイメージと重ねられ、ただただ慈愛《じあい》のシンボルでもあったし、天使による驚きの一方的な「受胎告知」を従順に受け止めたという服従の模範として、父権制社会における男系重視の強化にも利用されてきた。「慈愛のシンボル」としてのマリアは、「母は強し」「身を挺しても子を守る」というわけで、胎児や赤ん坊や子どもの守り神であると同時に、人々の死後に魂を地獄に連れて行こうとする悪魔と戦って、魂を奪い返して天国に導いてくれた。

一六世紀の日本にキリスト教が最初に紹介されたときも、聖母子像が人々をまず惹きつけたことはよく知られている。一見すると男性優位のマッチョな印象がある日本の社会では、女性の中でも特に「母親」像については、甘えと一体となった崇敬が広く存在していた。キリスト教が最初に広まった地中海文化圏でもそれは同様で、家庭内の母親の存在感は一般的に今でも他のヨーロッパより大きい。また文化圏の違いを超えて、人が病や死のような実存的な危機に瀕した時に、「母」を求めて一種の退行を起こすことは稀ではない。願い事をするための「祈り」という言葉はラテン語のPRECARIA（願い）に由来するもので、それまでの神に語りかけるORATIO（祈禱）とは別に、一二世紀のヨーロッパに現れ始めた。それは、信仰がそれまでの「畏れ敬うべき神」との関係から、ひたすら救いを求めてすがることの可能な母マリアとの関係へと移行するにしたがって、「願い事としての祈り」が広まったことの現れだ。

西洋中世までのカトリック世界では、敬うべき「貴婦人」のノートルダム崇敬と、各地に温存された女神信仰の名残とがあいまって、聖母マリアが人々の願い事をひたすら受け止める万能の「記号」になった。十字軍は聖母の様々な聖遺物《せいいぶつ》（遺体は天に昇って残っていないので髪、衣類など）を持ち帰り、「効験《こうけん》」あらたかな聖遺物を納めた聖地には巡礼文化が花開いた。

巡礼文化は巡礼経済を生み、願い事に付随する供物とその成就への「お礼」の寄付、ひいては死後の行き先まで頼りにできるヴァーチャル投資としての「免罪符《めんざいふ》」売買にまで広がった。その行き過ぎが一部では聖母崇敬ではなく聖母の「偶像崇拝」と考えられ、プロテスタントによる「宗教改革」では、聖母マリアは「模範的な信徒の一人」と読み換えられて「降格」されることになった。

マリアから「聖性」が奪われたことで、「聖性」はまた「父と息子」に回帰した。独身制のカトリック聖職者たちから「理想の女性」と崇められたマリアは、プロテスタント牧師の家庭を支える「従順な妻」という新しいイメージを付与されることもあった。プロテスタントの登場によって、自らも中世的な伝統からの改革を迫られたカトリック教会も、それまで強調していた聖母の優越性についての言説をトーンダウンする自主規制を迫られた。

マリアの「強さ」は、その後「黙示録の女」のイメージをまとって続いていくのだが、聖家族という「家庭」内でのイメージは弱くなった。現在、修道会に属するシスターにさえ、自分の信仰の中で聖母の占める場所がほとんどないと認める者がいる。中世の女たちが強い存在であったのに比べ、近代以降のヨーロッパのブルジョワ文化では、口数少なく遠慮がちで受動的だという聖母のイメージが、「女性は表に出ないで一歩下がって控えるべし」という社会が求める女性のモデルを往々にして提供してしまっていたからだ。

特にカトリック社会では、二〇世紀半ばに至るまで、聖伝や信仰の書以外に、実際に「聖書」を手にして読むことは、神学校の中でもめったになかった。自分たちで福音書を読むようになってから、少なからぬ女たちが、聖母の「強さ」だけでなく「知性」をようやく発見した。そもそも、すべての始まりである「受胎告知」の場面ですら、マリアはただおののいて、天使による「喜べ、お前は選ばれた」式の通告を平身低頭してありがたく受け取ったわけではなかったのだ。

†マリアの知性

「受胎告知」の中には、実は、耳にしたことを鵜呑みにせずに「問い返すことを恐れない」女性であるマリアの姿が描かれている。マリアには「告知」が本当に神から来たものかどうかを分別する必要があったし、その判断を下す根拠は、その「告知」が彼女の心に喜びと平穏と力をもたらすものであるかどうかということだった。マリアの反応を見てみよう。

まず大天使ガブリエルが突如として現れた。これだけでも、普通なら驚いて叫んだり逃げ出したりしたくなるだろう。天使はまだ一四、五歳のマリアに「アヴェ・マリア（おめでとう、マリア）」と呼びかけた。これは「ロザリオの祈り」として今も人気の祈禱文で、美しい曲もたくさん作られている「アヴェ・マリア（天使祝詞）」の最初の部分、「恵みあふれる聖マリア、主はあなたとともにおられます」である。

天使はその後ですぐ、まだ少女のようなおとめに身に覚えのない妊娠を告げた。マリアはひれ伏しもせず、泣き出しもせず、あわてず騒がず毅然として対応した。「ルカによる福音書」(1章28～38節)からその全貌を見てみよう。

まず、「マリアはこの言葉に戸惑い、いったいこの挨拶は何のことかと考え込んだ」。すると、天使は「マリア、恐れることはない。あなたは神から恵みをいただいた。あなたは身ごもって男の子を産むが、その子をイエスと名付けなさい。その子は偉大な人になり、いと高き方の子と言われる。神である主は、彼に父ダビデの王座をくださる。彼は永遠にヤコブの家を治め、その支配は終わることがない。」と言う。

マリアは天使に「どうして、そのようなことがありえましょうか。わたしは男の人を知りませんのに。」と当然至極な反論をした。それに答えて天使は「聖霊があなたに降《くだ》り、いと高き方の力があなたを包む。だから、生まれる子は聖なる者、神の子と呼ばれる。あなたの親類のエリサベトも、年をとっているが、男の子を身ごもっている。不妊の女と言われていたのに、もう六カ月になっている。神にできないことは何一つない。」と答える。

突然、親類の高齢女性の妊娠を告げられたマリアは、いったん納得して、「わたしは主のはしためです。お言葉どおり、この身に成りますように。」と、いわゆる「let it be」と受け入れたので、天使は去って行った。神に感謝するために幼い時から神殿に預けられていたと言われるくらいだから、自分のことを「主のはしため」と言えるだけの謙虚な自覚は持ち合わせていたわけだ。

けれどもマリアは、天使に告知されたことを頭から信じ込んだわけではない。天使ならぬ人間同士の情報の伝達速度自体がきわめて遅い時代、メールも電話も郵便もない時代だ。天使の言ったことが本当かどうかを確かめるために、マリアはわざわざひとりで徒歩で山里を超え、はるばる従姉エリサベトの家を訪ねることにした。天使の言ったことが本当なら、自分はもう子どもを宿しているわけだから、当然リスクもある。それでもマリアには、自分自身の目でエリサベトの奇跡的な妊娠を確認する必要があった。

マリア自身も、子どもができないと悲観していたヨアキムとアンナという両親が神から授かった子どもだった、という聖書外典に書かれた事情からすると、マリアがエリサベトの妊娠に神の業を確認できると考えても不思議ではない。マリアがエリサベトを訪ねた場所に建てられたとされる「聖母訪問」の教会は現在、エルサレム西四キロのアイン・カレムという村にある。マリアが北方のナザレから出発したのだとしたら、かなり遠い。

マリアが来るとエリサベトに聖霊が満ちて、「主の言葉の実現を信じたマリアは祝福された幸いな方である」と言わせた。身重のエリサベトの姿を見たばかりではなく、その言葉を聞いたマリアは、ここで初めて「私は主のはしためです」と受け入れただけではなく、積極的に神を喜びたたえ、自分に起きたことが「偉大なこと」だと確信して感謝したのだ(ルカによる福音書1章39〜56節)。

その後の世界の歴史に地球規模で影響を与えることになるキリスト教の出発点でもある「受胎告知」は、マリアによって能動的な受け止め方をされたものだ。マリアは、いったんそれを冷静に受け止めた後で、信憑性を確認しに行くことを自分で決断し、その結果、疑いを解いて、自分の使命を納得した上で神に感謝したのである。

†従順の決意

この母マリアから生まれたイエスもまた、その教えの根本には絶対平和主義があるけれど、納得できないことでも神のみ旨と受け入れてただ従う、といったタイプではもちろんなかった。

それは旧約聖書のアブラハムとは対照的だ。アブラハムは、ある日突然、神から「あなたの息子、あなたの愛する独り子イサクを連れて、モリヤの地に行きなさい。わたしが命じる山の一つに登り、彼を焼き尽くす献げ物としてささげなさい。」(創世記22章2節)と命じられ、理由も聞かずにそれに従い、自らの息子に手をかけそうになった。「盲目的な従順」を神に試されたことに「合格」したのだ。

新約聖書のイエスも、後で復活して「死に打ち克つこと」を証明するためとはいえ、無抵抗で捕らえられてひどい仕打ちを受け、辱められて殺されたのだから、ひたすら従順に運命を受容したかのように見えるかもしれない。しかしイエスは、実はアブラハムのようにただ神の言葉に従うだけでなく、「受胎告知」にあたって母のマリアがしたのと同じように、識別の意欲と決意の末の受容というプロセスを通った。

イエスは祭司たちに敵視され、逮捕されて処刑されることがわかっていながらエルサレムに入城し、弟子たちと最後の晩餐を囲んだ後、ゲッセマネの園で地面にひれ伏し、「できることなら、この苦しみの時が自分から過ぎ去るように」とまず祈った。その後で、父なる神の力と意図を測りながら、自分の願いよりも神の意図を優先する決意をして、「アッバ、父よ、あなたは何でもおできになります。この杯をわたしから取りのけてください。しかし、わたしが願うことではなく、御心に適うことが行われますように。」（マルコによる福音書14章35〜36節）と祈り直している。

「マタイによる福音書」（26章39〜44節）では「父よ、できることなら、この杯をわたしから過ぎ去らせてください。しかし、わたしの願いどおりではなく、御心のままに。」とまず祈り、弟子たちの様子を見に行ってから戻り、「父よ、わたしが飲まないかぎりこの杯が過ぎ去らないのでしたら、あなたの御心が行われますように。」と再び祈り、それを三度目にも繰り返した。

もちろんその間に眠りこけていた弟子たちが、その祈りを聞いていたはずもないから、イエスのこの逡巡の描写は、受難と復活の後で生まれた信仰から紡がれたものだろう。それでも、アブラハムのようにただ従うのではなく、「できることなら」と自分の願いを正直に表明した後で受け入れる様子が描かれたということは、イエスが神に従う前の「識別」をいつも必要としていたことを弟子たちが認識していたからだろう。ファリサイ人たちが律法を盾にして、形を替えてあれこれ攻撃した時も、律法の適用の妥当性をいつも冷静に検討してきたイエスを見てきたからだ。

実際イエスは、いったん覚悟を決めた後では、逮捕されて大祭司の法廷に引き出された場面でも毅然としていた。イエスの教えの中には、「あなたがたも聞いているとおり、『目には目を、歯には歯を』と命じられている。しかし、わたしは言っておく。悪人に手向かってはならない。だれかがあなたの右の頬を打つなら、左の頬をも向けなさい。」(マタイによる福音書5章38〜39節)という有名な言葉がある。

これだけ聞くと、イエスは無実の自分を裁いて殺そうとする敵にも無抵抗で従うだろうと思われるかもしれない。旧約聖書の神、「父なる神」が攻撃的で支配的で、権威的で、「男性的」であったこととは対照的に、イエスのことを、いつも弱者の側に立ち、慈しみ深く、「女性的」であるようにイメージする伝統も少なくなかった。

イエスが死に至るまでに受けた暴力は明らかに、現代でいう「パワハラ」だった。パワハラは強者から弱者へと向かう。一方、イエスは、神が「わたしが飢えていたときに食べさせ、のどが渇いていたときに飲ませ、旅をしていたときに宿を貸し、裸のときに着せ、病気のときに見舞い、牢にいたときに訪ねてくれた」人を義人《ぎじん》とするという話を弟子たちにした時に、いぶかる人々に、「わたしの兄弟であるこの最も小さい者の一人にしたのは、わたしにしてくれたことなのである。」と説明した（同25章35～40節）。その後、あらゆる権力に利用され、自らも「権威」として君臨したキリスト教が、脊髄反射のように「人道支援」の活動を続けてきた源泉はここにある。

†反論するイエス

もちろん「だれかがあなたの右の頬を打つなら、左の頬をも向けなさい。」という言葉は、「弱者に仕えよ」ということには関係がない。自分を攻撃する相手に即座に手向かえば事態がより悪化することはありそうだし、そもそも「目には目を」というのは、受けた害と同等以上の修復をしてはいけないという戒めなのだということはわかる。それにしても、理不尽な攻撃を受けた時に、抵抗しないばかりかさらなる攻撃を誘うようなことをイエスが勧めたとは思えない。むしろ、当然反撃してくると思って身構える相手に左の頬を向けることで虚を突いて事態を転換するということだと解釈する人もいる。

そして、イエスは実際、自分がそのような事態に出会った時に、きっちりと論理的に抗議している。ローマ兵たちに逮捕された時は抵抗しなかったし、弟子たちにも戦うなと言ったが、宗教裁判の場に引きたてられて尋問された時は、臆することなく問い返した。イエスが打たれたのはその時だ。

「なぜ、わたしを尋問するのか。わたしが何を話したかは、それを聞いた人々に尋ねるがよい。その人々がわたしの話したことを知っている。」イエスがこう言われると、そばにいた下役の一人が、「大祭司に向かって、そんな返事のしかたがあるか」と言って、イエスを平手で打った。イエスは答えられた。「何か悪いことをわたしが言ったのなら、その悪いところを証明しなさい。正しいことを言ったのなら、なぜわたしを打つのか。」
（ヨハネによる福音書18章21〜23節）

そう、平手で打たれた後、イエスは別の頬を差し出したのではなくて、堂々と抗議している。もちろん打ち返したわけでもない。その態度は、パニックに陥ることなくきわめて冷静に対応した、「受胎告知」を受け止めた時の母マリアの対応と似ている。

マリアも、聖霊による妊娠という「受胎告知」を受け入れることが、律法の教えに照らされれば「罪の女」として石打刑にされるほどの重大事だということを知っていた。その上で、最終的に神を信頼してその運命を受け入れたことは、イエスの「女性性」と言われるものが実は何であったのかを教えてくれる。

†沈黙する家長ヨセフ

気丈に運命を受け入れたマリアにとって、その使命を遂行するために不可欠だったのは婚約者だったヨセフだ。それなのに、聖ヨセフの人生のエッセンスは神の子の陰に、さらに神の子の母の陰に隠れているように見える。自分のいないところでマリアが妊娠したと知らされたヨセフは、彼女との婚約を解消することなく、誰にも知らせずにそれを受け入れた。

そうしなければ、マリアは律法によって抹殺される。このヨセフのリアクションの中で最も驚くべきところは、律法に従った石打刑からマリアを守るためにそれを公にしなかったことではなく、まず最初に、秘密の中でマリアを「自由」にしようとしたことだ。「夫ヨセフは正しい人であったので、マリアのことを表ざたにするのを望まず、ひそかに縁を切ろうと決心した」(マタイによる福音書1章19節)のがそれだ。ヨセフは「選ばれた女」であるマリアをそっと解放してやりたかった。

すると主の天使が夢に現れて「ダビデの子ヨセフ、恐れず妻マリアを迎え入れなさい。マリアの胎の子は聖霊によって宿ったのである。」（同1章20節）と告げたのでヨセフは自分が神に信頼されていることを知った。マリアは受胎告知を受け入れたが、それはヨセフの決意と保護なしにはとうてい成就できない難題だった。だから、ヨセフはマリアと共に選ばれたのだ。キリスト教世界では、どんな天使も聖人も、ヨセフ以外に「神の子の父」と呼ばれた者はいない。

とはいっても、イエスの母として選ばれたマリアと、養父として選ばれたヨセフの間には長い間、崇敬のされ方に差があった。今のカトリック世界ではクリスマスシーズンに「馬小屋」という飾り物が現れる。馬小屋で生まれて飼葉桶に寝かされた新生児イエスの周りを、ヨセフやマリアや動物たちが取り囲むというものだ。

けれども、「生まれたばかりの赤ん坊の脇で喜びに輝く父と母」という核家族風のこの光景は、昔から定着していたものではない。もとは、イエスの誕生にまつわる図像といえば、たった一人でいるマリアのところに天使が現れて「受胎告知」をするシーンや、贈り物を持った東方の三賢人や羊飼いたちがやって来る場面が多く、幼子イエスの図柄といえばマリアの腕に抱かれた聖母子像ばかりであり、そこにヨセフはほとんど出てこない。

ヨセフが描かれるのは、身重の妻をロバの背に乗せてベツレヘムに向かっていたり、聖母子をロバの背に乗せて夜逃げ同然にエジプトに逃避行する場面のように、ロバを引っぱる労働力だったり、きらびやかな三賢人の訪れに当惑して引っ込んでいたり、脇役というよりほとんど「黒子」状態だった。

見かけも、一〇代半ばでイエスを産んだと思われるうら若いマリアと違って、白い髭を蓄えた老人として描かれることが多い。マリアがイエスを産む前も産んだあとも、生涯処女であったという説が庶民に受け入れられやすくするために、「ヨセフは老人」という定説が生まれたのだ。神学者たちから、マリアの結婚は聖母子を社会的に守るための必要悪だったなどと言われたこともあり、ヨーロッパ中世のキリスト伝には、身重の妻を馬小屋で出産させる目にあわせた甲斐性無しだと言って、ヨセフが隣人たちから責められるシーンまである。聖なる核家族というよりも、「聖母子」とその「下男《げなん》」のような扱われ方が続いたのだ。実際、イエスの社会生活開始より前に死んだと思われるヨセフは、長い間、一種の「名誉聖人」ではあっても、使徒や殉教者たちのように人々の崇敬を集める聖人ではなかった。

ヨセフが脚光を浴びたのは、マリアの母アンナへの崇敬が広まったおかげかもしれない。天の父がいるとしても、この地上でのイエスの家系の女系的イメージは、中世末期からのアンナに対する崇敬によって強調されるようになった。その聖アンナ崇敬とバランスをとるようにして、聖ヨセフ崇敬が生まれた。

聖アンナは福音書には登場しない外伝上のキャラクターで、ヨセフと同じく名誉聖人的な扱いだった。しかしだからこそ、この二人は使徒や殉教者や教皇や司教や教会博士らとは違って、画家や民衆が想像力を駆使してその姿に思いを託すことが可能になった。どちらも「普通の人間」だったのに、幼いイエスの身近にいて、抱き、あやしたという特権を享受した。人々はこの二人に自分を重ね合わせることで、幼いイエスと親密な関係をもち始めたのだ（いったん聖性を獲得したら、ヨセフの昇進はあっという間だった。アッシジの聖フランシスコや、パリの大神学者ジェルソンや、アビラの聖女テレサなどの大物たちがヨセフを称揚した。「イエス－マリア－ヨセフ」は地上の三位一体とまで呼ばれて、互いに愛し合い、尊敬し合う「聖家族」の姿が人々の模範になった）。

†難民としての聖家族

さて、イエスの誕生後、ヨセフは天使のお告げに従って、今度はエジプトに亡命することになる（マタイによる福音書2章13～16節）。夢で天使から「起きて、子供とその母親を連れて、エジプトに逃げ、わたしが告げるまで、そこにとどまっていなさい。ヘロデが、この子を探し出して殺そうとしている。」と言われただけで、すぐに起きて夜のうちに幼子とその母を連れてエジプトへ去り、ヘロデが死ぬまでそこにいた。

このエピソードも、旧約聖書の預言書との整合性を意識して編集されたものなのかもしれない。旧約聖書のモーセがエジプトから約束の地へイスラエルの民を連れてきたように、ヨセフもエジプトからナザレへ神の子とその母を連れて戻ったことになる。それを別にしても、ヨセフは、マリアやイエスのように突然の事態の前でじっくり吟味したり質問したりすることなしに、「すぐに従った」と書かれている。ヨセフはしゃべらない。マリアやイエスと対照的だ。前章で述べたように、一二歳の息子イエスが親に断らずに神殿に残って心配させた時も、マリアは叱責したのにヨセフは何も言わなかった。

結果としてヨセフの即断は正しかった。ヘロデ王は、ベツレヘムとその周辺一帯にいた二歳以下の男の子を、一人残らず殺させたからだ。

「聖家族」は家族が助け合う理想的なプロテスタント風の「牧師の家族」像からは遠く隔たった、実の子ではない子どもを抱えて亡命を余儀なくされた難民家族だった。二一世紀の中東情勢の悪化から多くの「難民問題」が政治の争点になっているこの時代に、キリスト教を掲げる政治家やローマ教皇などが「難民家族の受け入れ」を主張するのは意外なことではない。

寡黙で働き者で、夢のお告げに疑問を抱かずに、課せられた使命をすぐに実行するヨセフの中に、「父権制社会」における核家族での男の生き方の一つのタイプを見ることも可能だ。弁が立ち、考えを言語化することが得意な「母」は、息子イエスにその「母」性を伝えたと言えるだろう。だからこそイエスは女性たちと親しく交わることに抵抗がなかった。キリスト教が成立してから、父なる神の子イエスが「母」のイメージに重ねられることが決して例外ではなかったのは、母マリアとの親密な関係性と相似性に根差しているためなのかもしれない。

†守られるべき聖母

イエスが成人してからも、マリアはユダヤの母親らしくふるまっている。イエスが公の場所に登場する少し前の「カナの婚礼」（ヨハネによる福音書2章1〜11節）の場面でも、イニシアティヴをとることをためらわず、水をぶどう酒に変える奇跡に先立って、「この人（イエス）が何か言いつけたら、そのとおりにしてください」と召使いに言っている。

ところが、福音書にはその後の聖母の姿はほとんど書かれていない。

「ヨハネによる福音書」だけが、マリアがイエスの最期に立ち会ったと書いている。他の福音書では、ガリラヤから従ってきた大勢の女たちが遠巻きにして見ていたとあるが、「ヨハネによる福音書」では、十字架のそばに立っていた（「イエスの十字架のそばには、その母と母の姉妹、クロパの妻マリアとマグダラのマリアとが立っていた」〈19章25節〉)。それまでは他の女たちの中で母を特別扱いにしなかったイエスが、ここで愛弟子ヨハネに「マリアはあなたの母だ」、マリアに「ヨハネはあなたの子だ」と言い残した(ヨハネはこの時以来マリアを引き取り、実の母のように接したと言われる)。

福音書でのマリアは泣いておらず、十字架のそばに顔をあげてすっくと立っていた。「受胎告知」以来受け入れざるを得なかった数奇な運命に耐えて、息子が悲惨な形で使命をまっとうする姿を見届けようとしていたようだ。

十字架の傍でマリアが苦悩と悲嘆に泣き崩れるという構図は中世以降のものだ。「スターバト・マーテル(悲しみの聖母)」で始まる受難曲や聖歌は宗派を超えて今も広く歌われ、パレストリーナ、ヴィヴァルディ、ドヴォルザーク、ペンデレツキなど多くの音楽家が曲をつけてきた。その歌詞は、「悲しみの母は立っていた、十字架の傍らに、涙にくれ、御子が架けられているその間、呻き、悲しみ、歎くその魂を剣が貫いた」と始まる。この「魂を剣が貫いた」という壮絶なイメージは中世を通じて増幅されていったものだ。十字架の傍のマリアの胸を刺したのは、「五番目の剣」だとされた。

これはマリアが、赤ん坊のイエスを律法の規定通り主に捧げるために神殿に連れて行った時に出会った老人シメオンの、不吉な予言にちなんだものだ。「霊」に導かれてやってきたシメオンは、マリアに抱かれた幼子に救世主の姿を見て神を讃えた。ところが、親子を祝福した後、母親のマリアに「御覧なさい。この子は、イスラエルの多くの人を倒したり立ち上がらせたりするためにと定められ、また、反対を受けるしるしとして定められています。――あなた自身も剣で心を刺し貫かれます――多くの人の心にある思いがあらわにされるためです。」（ルカによる福音書2章34～35節）と予言したのだ。

「心」が「心臓」と同じ単語であるせいで、以後マリアは、胸に剣を突き立てられた壮絶な姿で描かれるようになった。その数も七本となり、涙を流すマリアの胸にしばしば七本の剣が突き刺さる「悲しみの聖母」というイコンが生まれた。

†悲しみの聖母の信心

聖母の悲しみのイコンには、これも芸術作品によって有名な「ピエタ」の場面がある。聖書には「夕方になると、アリマタヤ出身の金持ちでヨセフという人が来た。この人もイエスの弟子であった。この人がピラトのところに行って、イエスの遺体を渡してくれるようにと願い出た。そこでピラトは、渡すようにと命じた」（マタイによる福音書27章57～58節）とあるだけでマリアがイエスの遺体を抱きとめたとは書かれていない。

けれども、彫刻のテーマとしては、十字架の下に立つマリアよりも、わが子を膝に抱くマリアの方が魅力的だった。赤ん坊のイエスを胸に抱く聖母子像の対極の形として多くの作品によってビジュアル化された。最も有名なものはバチカンの聖ピエトロ大聖堂にあるミケランジェロによる白大理石の「ピエタ」だろう。

マリアの「最後の悲しみ」は遺体の埋葬の場面である。これも聖書には「彼らはイエスの遺体を受け取り、ユダヤ人の埋葬の習慣に従い、香料を添えて亜麻布で包んだ」（ヨハネによる福音書19章40節）とあるだけだが、マリアが悲しみとともに埋葬に立ち会ったことはそれまでの流れからくる必然だった。

「受胎告知」を毅然として受け止め、納得して使命を自覚したはずのマリアは、息子の受難の姿に身も世もなく嘆き崩れたことにされた。「スターバト・マーテル」の歌詞にも、イエスが復活する期待や神の栄光を讃えるような要素はほとんどない。「私にもあなたの強い悲しみを感じさせ、あなたと共に悲しませてください」、「聖なる母よ、どうかお願いします、十字架に架けられた（御子の）傷を私の心に深く刻みつけてください、あなたの子が傷つけられありがたくも私のために苦しんでくださったその罰（苦しみ）を私に分けてください、あなたと共にまことに涙を流し十字架の苦しみを感じさせてください、私の生のある限り十字架の傍らにあなたと共に立ち、そして打ちのめされる苦しみをあなたとともにすることを私は願います」とマリアの悲しみへの感情移入が主題となっている。この同情が、ヨーロッパ中世のキリスト教世界における民衆の信仰を支えてきたのは間違いない。

カトリック教会が磔刑図《たっけいず》を中心に掲げてきたのは、聖母の悲しみを追体験する伝統の表現でもあった。このようなイメージを歌い、描き、眺め続けていれば、カトリック世界での聖母がすっかり「守るべき弱々しい母」になってしまったのも不思議ではない。十字架のイエスが母の姿を認め、母の行く末を案じたかのごとき言葉を発したことも、後のキリスト教徒たちが「聖母を守っていく」根拠となった。

「七つの悲しみの聖母」への崇敬は、庶民の信心の大きな部分を占めるようになった。一三世紀のトスカーナ地方で七人の富裕な商人が世俗を捨てて創った修道会「マリア下僕会」から始まり、「マリアの七つの悲しみのロザリオ」、「マリアの七つの悲しみのスカプラリオ」という二つの信心用具と共にカトリック世界に広まった。

「七つの悲しみのロザリオ」とは数珠《じゅず》の一種で、七つの木の玉がマリアの悲しみを描いた七つのメダル（あるいは大粒の玉）に隔てられて七度並ぶ四九の玉から成る輪だ。最初の「悲しみ」の前には三つの玉と一つの聖母のメダルからなる「尾」がついていて、すべての祈りが聖母の涙に捧げられる。色は深い悲しみを表す黒となっている（普通のロザリオでは一〇個の玉が五度繰り返して並び「尾」の部分も五ツ玉になっている）。

また、スカプラリオというのは、肩から掛けて前後に垂らす修道服だが、一般の信徒のためにその簡易版が浸透し、さらに数センチの長方形の布（中に厚紙などを入れたもの）を前後に垂らす紐付きのミニチュアも登場した。「汚れなき聖母のみ心」のための白のスカプラリオや青いものもあったが、「七つの悲しみ」のためには「黒いスカプラリオ」が定着して、一六一一年のパウロ五世以来、身に着けるだけで罪の免償《めんしょう》が何度も認められることになった。黒いスカプラリオには他にも「病者の救護者の聖母」のものがある。黒は悲しみや苦しみと結びつけられているのだ。

一六世紀に生まれたプロテスタントは、このような倒錯的ともいえる「悲しみの母」崇敬を、キリスト教の本来の「信仰」の姿から切り離そうとした。けれども、「七つの悲しみの聖母」はカトリック世界では生き延びた。近代以降も世俗主義への反動と一九世紀のセンチメンタリズムが聖母崇敬を推進した時期に広められ、二〇世紀になってピウス一〇世が九月一五日を祝日とした。マーテル・ドロローサ（悲しみの母）はドロレスという女性名にもなっている。

†能動的なマリア

このような、「剣に刺され、悲しみに打ちひしがれた聖母」のイメージが、乳幼児の死が多かった時代の母親たちの共感を呼んだことは想像に難くないが、神に自分を奉献して修道女としての道を選ぶ女性にとっては、時として重くやりきれないものにもなった。

それを避けるために、聖母のことは敢えてほとんど考えずに、イエスへの信仰だけに集中する修道女もいれば、聖母が息子の誕生や成長にまつわる試練を「すべて心に納めていた」とされているのに倣って、自分の感情を押し殺し意見を表明せずにずっと暮らしてきた結果、自分の殻に閉じこもってしまって鬱病になる者もいた。

近代以降のカトリック国では、聖母の「無原罪受胎《むげんざいじゅたい》」をわざわざ教義にするなど、ブルジョワ家庭の貞淑な夫人像のモデルとして、聖母をひたすらに清らかで透明な天女のように崇める風潮もあったので、意思や疑いや喜びを表明してきた生身の自由な人間としての聖母像はすっかり薄れていたのである。

けれども、「父権的な男社会」の都合で、「弱い性」というジェンダーを押しつけられてきた聖母は、実は、昔ながらの能動的な「別の道」を捨てたわけではなかった。

マリアは息子イエスの受難と復活を見届けてからも、使徒たちと共に聖霊が降りるのを待ったし、その後も、使徒たちの精神的な支えとなって彼らに看取られて死ぬまでかなりの年月を生きたと言われている。さらに「受胎告知」によって最初に神の意図を明かされた者として、使徒たちにも適切な助言を与え続けたかもしれない。マリアは「神の子の教育者」でもあったからだ。

「悲しみの聖母」のイメージとは別に、中世のマリアが、単身エリサベトを訪ねる旅に出た行動の人のイメージどおり、罪人の魂を悪魔から奪い返して天国に連れて行くという勇ましく頼りになる存在でもあったことはすでに述べた。しかも、単なる勇ましく戦う女傑ではなく、本物のインテリとしても認知されていたのだ。

マリアのイメージの伝統の一つである「幼いころからエルサレム神殿に捧げられて職務に就く学問好きの女性」という姿は、マリアが神殿で重要な研究をしているという絵画表現にも残っている。「受胎告知」の図柄には早くから「神殿内で本を読むマリア」が描写されてきた。

一五世紀フランドルの画家、ロベルト・カンパンの「受胎告知」のマリアなどは、分厚い本を読むのに集中しているせいで天使の登場をほとんど無視しているように見える。同じカンパンの「聖母の授乳図」には、授乳を始める聖母の脇に読みかけの本が広げられているのが見える。ルネサンス期を代表するラファエロの聖母子像のマリアもしばしば時禱書と思われる小ぶりの本を手元で開いたままだし、一七世紀のレンブラントの『天使のいる聖家族』のマリアも幼子イエスを寝かしつけようと片手を揺りかごにかけて、もう一方の手に読みかけの大きな本を持っている。まるでマリアが、実は、受胎告知の前から一貫して、自分の使命を知的に理解しようとし続けていたかのようだ。慈母として描かれる母子像のマリアにも、決して一様な表現はなく、いろいろな含意が込められてきた。

†遍在する聖母マリア

キリスト教が発展した地中海世界には、エジプトのイシスとホルスという母子神像がすでに広まっていて、マリアとイエスの像はそれを踏襲したとか置き換えられたなどとも言われているが、「独り子」を抱いた母の聖像というのは世界的に見て意外に少ない。母神はたいてい「多産」や「豊饒」祈願と結びつけられているからだ。キリスト教の母子像には多産や豊饒のイメージはないからこそ、様々なニュアンスが付与されたのだ。もとより、「普通の家族の普通の母子」ではない。

天使によって突然受胎を告げられた一〇代半ばの少女、旅先での出産、赤ん坊を連れたエジプト逃避行、そして恐ろしい状況で息子に先立たれる逆縁の預言と予感。ドラマティックな運命を前に、若い母は勇気と諦念を併せもち続けた。だから、幼子イエスを抱く母はいつも愛と慈しみに満ちて無邪気な子どもを眺めているわけではない。時々、不吉な運命に茫然としたようにあらぬ方向を見つめていたりする。

中世の聖母子像には、幼子イエスを取り外しできるようにつくられていたものが少なくなかった。信者たちが聖母に取り次ぎの祈願をするときに、幼子イエスをマリアの腕から奪ったのだ。ここでイエスは人質なのである。子どもを人質に取って言うことをきかせようとは卑劣にも程があるが、思えばマリアとイエスの母子関係はそもそもの最初から子を神の人質に取られていたようなものだった。

けれども、神の意思や信者の脅迫に翻弄されたマリアは、ずっと脅えてめそめそしていたわけではない。実はマリアは、民衆の抱く慈母のイメージや、胸に剣を突き立てられて涙を流す悲しみの母というイメージのどちらにも甘んじることはなかった。キリスト教の発展とともに、ここぞというときには「ご出現」によって、神へアクセスする新しい道を示す数々のメッセージを伝え続けてきているのだ。

特に一九世紀以来、彼女は新しい姿で現れて情報を発信し始めた。幼子イエスを抱いたり、十字架から降ろされたイエスの遺骸を膝において嘆いたりする両極の姿から新しいステージに移ったのだ。それは「身に太陽をまとい、月を足の下にし、頭には十二の星の冠をかぶ」る黙示録（ヨハネの黙示録12章1節）の女という姿だ。それは天国での戴冠を経た女王のイメージとも習合した。イエスを連れずに一人で「ご出現」を続け、様々なメッセージを発信しながら神学的なコメントをすることさえためらってはいない。

極めつけは、一九四七年ローマのトレ・フォンターネに現れた「黙示の聖母」だ。マリアは、ロザリオだの百合の花だのではなく、両手に一冊の本を抱えて現れた。当時、聖母《せいぼ》被昇天《ひしょうてん》を正式に教義とする確信を与えてくれる「徴《しる》し」を待っていたというピウス一二世に、「私の体が腐敗することはあり得ない」という明確なメッセージをもたらしたのだという。聖母の姿を見て声を聞いたのはピウス一二世自身ではない。教皇の殺害を計画していたほどのカトリック排斥者だった。彼は、聖母の言葉を教皇に取り次ぎ、劇的な回心を遂げる。その「ご出現」の場所は、その昔キリスト教徒を迫害した後で、イエスを見て同じように劇的な回心をした聖パウロの殉教の地だった。

こうして一九五〇年、聖母被昇天は教義となった。イエスの母は「教会の母」として尽きることのない知力と行動力を発揮し続けている。それを受けて、女子修道会の中には今でも、ヴェールを被らず手にしっかりと聖書を抱えて立つ聖母像を聖堂に置くために特別注文するところもあるほどだ。イエスの救いの業と能動的に協働するというマリアのイメージは、こうして少しずつ育まれていった。

その「聖母被昇天」の一世紀前に教義化されたのが、マリアが原罪を免れて母アンナの胎に宿ったという「無原罪受胎（無原罪の御宿り）」の教義だった。一八五四年という年は、ヨーロッパが近代化に向けて再編成されつつある時代で、六年前の一八四八年にマルクスとエンゲルスが『共産党宣言』を出したというタイミングでもある。

そんな時代に、カトリック教会はマリアを「信者の模範」とする立場のプロテスタント教会や、マリア信仰を「教義」にはしない正教会とは一線を画し、マリアが「普通の人間」ではないとする伝統を確定することになったのだ。それは単なる時代錯誤や反動だとは言えない。他教会との一致を志向し、近代化を進めた二〇世紀後半の第二バチカン公会議ですら、聖母が「聖霊」に満たされることですべての罪を逃れ、新しい被造物のように形作られた(教会憲章第八章、一九六四)と追認しているからだ。

一九世紀から始まる「ご出現」ブームは今も止むことがない。幼子を抱かず、苦しむ者たちすべての希望の母として現れているかのようでもある。神の子イエスの養父だったヨセフが、長い間の補助的なスタンスから今は大聖人として人々の祈りを引き受けるようになったように、マリアもまた、独り子を捧げることですべての人々の養母として、再起動したかのようである。

一八五八年に「無原罪の御宿り」の聖母が現れたというルルドの洞窟のレプリカは世界中で造られた。そのレプリカで、またご出現があり奇跡が起こった。日本でも「ルルド」は、長崎の聖母の騎士修道院の裏山、東京カテドラル聖マリア大聖堂のそば、ミッションスクールの校庭などにもある。それは日本中の神社がいろいろな神を分霊(勧請《かんじょう》)して祀る心性と決してかけ離れてはいない。

聖母マリアは二〇〇〇年前のパレスチナに生きたという時空の文脈を飛び越える。母性的なものにすがり助けを求める世界中の人々の呼びかけに応え、人々の心的エネルギーに養われて、父なる神の愛を知らない者たちのために、ロザリオのメダルの中で、チャペルの中で、洞窟の中で、幼子を抱き、十字架の下に立ち尽くし、刑死した息子を抱きかかえ、星の冠を戴いて光を注ぎ、聖母はひたすらに、祈り、祈られ続ける。

第四章

聖女の登場

——マグダラのマリアからマザー・テレサまで

ローマ教皇ヨハネ・パウロ2世とマザー・テレサ(AP/アフロ)

†マグダラのマリア

「神の母」として古代の大地母神を吸収、習合して万能の聖女となった聖母マリアを別とすれば、イエスの最も近くにいたとされるマグダラのマリアこそは、ヨーロッパのカトリック世界で第一の大聖女だと言えるだろう。イエスや聖母マリアの生と死の場所が、パレスチナやトルコの地中海世界から抜け出られなかったのに対して、マグダラのマリアだけはヨーロッパに渡り、しかもラテン教会が成立したイタリアではなく、フランスで晩年を過ごしたことにされ、崇敬される地域は一気に広がった。

　イエスの受難と復活に立ち会った後、教会の公的な歴史から姿を消したかに見えるマグダラのマリアにまつわる、数々の逸話と崇敬はフランスで誕生した。九世紀頃から出回った「聖人伝」によると、マグダラのマリアはやはりイエスと近しい関係にあったマルタやラザロらと共に、南フランスの海岸に漂着したことになっている。

　マルタはタラスコンに行って怪物（タラスク）を退治したという伝説を残し、マリアは贖罪《しょくざい》のために裸でサント・ボームの洞窟で暮らし、三二年間、水も食物も口にせず、日に七度、天使によって天に上げられ音楽を聴いたとされる。歴史上の重要な人物が姿を消した後、実は遠くの国に漂着して長い余生を送ったという伝説は世界各地にあるので、マグダラのマリアの場合も、その一つということなのだろう。

地名である「マグダラ」はフランス語では「マドレーヌ」となったので、「マグダラのマリア」は「マリー・マドレーヌ」となる。フランスでは、「マドレーヌ」という名前が独立したファーストネーム（一般に洗礼名と同じ）として根付き、マリー（聖母マリア）やアンヌ（聖母の母アンナ）と並んでメジャーなものだ。

ネオクラシック様式の柱列で有名なパリのマドレーヌ寺院も、カトリック教会を排除しようとしたフランス革命による工事の中断を挟みながらも、一応の完成を見て独特のたたずまいを見せている。マドレーヌという名を持つ女性の創ったレシピである焼き菓子のマドレーヌは、プルーストの『失われた時を求めて』で少年時代の記憶を喚起する香りと共に日本でもよく知られている。

ヨーロッパの歴史の中で力をつけていった頃のフランス王たちは「王権神授説」を唱えるようになり、その前に十字軍を組織して聖地から「お宝」をたくさん持ち帰った。しかし、強引にフランスに持ち帰ったり買い取ったりしたお宝よりも、生身のマグダラのマリアが自分から南仏プロヴァンスに来て生を終えたというエピソードの方が、インパクトははるかに大きい。この伝説があるからこそ、ダン・ブラウンの『ダ・ヴィンチ・コード』で有名になったような、マグダラのマリアが実はイエスの子どもを宿していて、共にフランスに来てフランス王家の先祖となったなどという類いの「とんでも」裏歴史も形成されたのだ。

一二六五年にはブルゴーニュ公国が、ヴェズレーの女子ベネディクト会修道院にマグダラのマリアの「聖遺骨」を招致し、フランス王や教皇庁大使により公認された。こうしてマグダラのマリアへの崇敬は最高潮となり、クリュニー修道会の支援もあってヴェズレーからスペインのサンチアゴ・デ・コンポステラまでの巡礼ルートは、中世ヨーロッパの「巡礼経済」の根幹となった。

ところが一二七九年に、プロヴァンスのサン・マクシマンの古墓所からローマ時代の骨が見つかり、プロヴァンス伯はそれがマグダラのマリアのものであると主張した（バジリカ聖堂地下に祀られている頭蓋骨や髪の毛などは何度も調査の対象になり、一四八センチくらいの地中海タイプの五〇歳位の女性のものらしいと言われている）。以来、ブルゴーニュ公とフランシスコ会（ベネディクト会の後を継いだ）に管理されたヴェズレーのバジリカ聖堂と、ナポリ王でもあるプロヴァンス伯とドミニコ会によって管理されるサント・ボーム近くのバジリカ聖堂は、政治と修道会を巻き込む一大ライバル関係となった。月日は流れたが、二つのバジリカ聖堂には、今も多くの巡礼者が訪れる。

†使徒の中の使徒

マグダラのマリアは「使徒の中の使徒」と呼ばれる。この二番目の「使徒」が単数の場合はマグダラのマリアだけを指すけれど、複数にすることで、イエスの復活を信じた女性たち全てを指すこともある。

イエスの教えを直接受け、イエスが受難の後で復活することで死を克服し、信ずるものに永遠の命を約束したという「福音」を宣教する「使徒」は全員男性だ。また、宗教革命以後の一部のプロテスタントを除いて、キリスト教の司祭は昔から「男」しかなることができないという伝統があった。けれども実際には、その「使徒」たちに主の復活という福音を最初に告げたのは「女たち」だった。

イエスの復活を語る福音書にはいくつかの異同があるが、「マタイによる福音書」(28章1〜10節)では、日曜の明け方にイエスの墓を見に行ったマグダラのマリアともう一人のマリアの目の前で地震が起こり、墓の縦穴を塞いでいた大石を天使が脇に転がして上に座った。天使は婦人たちに「恐れることはない。十字架につけられたイエスを捜しているのだろうが、あの方は、ここにはおられない。かねて言われていたとおり、復活なさったのだ。さあ、遺体の置いてあった場所を見なさい。それから、急いで行って弟子たちにこう告げなさい。『あの方は死者の中から復活された。そして、あなたがたより先にガリラヤに行かれる。そこでお目にかかれる。』確かに、あなたがたに伝えました。」と告げた。婦人たちは、恐れながらも大いに喜び、急いで墓を立ち去り、弟子たちに知らせるために走って行った。イエスに忠実で希望を捨てずに信じた女たちが、イエスの受難を恐れて逃げた「弟子たち」へ天使の伝言を伝えたことによって、「弟子」を「使徒」へと生まれ変わらせたことになる。天使ばかりではない。女たちの行く手にイエスが立っていて、「おはよう」と言われたので、婦人たちは近寄り、イエスの足を抱き、その前にひれ伏した。イエスは「恐れることはない。行って、わたしの兄弟たちにガリラヤへ行くように言いなさい。そこでわたしに会うことになる。」と、天使の告げたことを繰り返した。

また、「ルカによる福音書」(24章1～12節)では、空の墓に驚く婦人たちに、天使たちが、「あの方は、ここにはおられない。復活なさったのだ。まだガリラヤにおられたころ、お話しになったことを思い出しなさい。人の子は必ず、罪人の手に渡され、十字架につけられ、三日目に復活することになっている、と言われたではないか。」と言われたとある。

婦人たちはイエスの言葉を思い出し、墓から帰って、一一人の弟子と他の人皆に一部始終を知らせた。婦人たちとはマグダラのマリア、ヨハナ、ヤコブの母マリア、そして一緒にいた他の女性たちだった。彼女らはこれらのことを使徒たちに話したが、使徒たちはこの話がたわ言のように思われたので、婦人たちを信じなかった。その中で一番弟子だったペトロだけは立ち上がって墓へ走り、身をかがめて中をのぞくと、亜麻布しかなかったので、この出来事に驚きながら家に帰ったとある。

ここでも、イエスの復活を伝える使命を担ったのはやはり女たちで、使徒たちは「たわ言」だと思ってそれを信じなかった。生前のイエスの言葉を思い出しもせず、思い出すよう言われても、イエスの言葉を信じられなかったわけだ。信仰とは「希望することを信じること」だとすれば、キリスト教を立ち上げさせたのはまさに「婦人たち」だったのだ。

†独りで復活のイエスと会う

極めつけは、「ヨハネによる福音書」（20章1～18節）である。そこには、マグダラのマリアが「婦人たち」と一緒にではなく、たった独りでいる様子が描かれている。

日曜日の朝まだ暗いうちに、イエスの墓に行き、墓から石が取りのけてあるのを見たマグダラのマリアは、ペトロとイエスの愛弟子ヨハネにそれを告げて、彼らも墓が空であることを確認した。けれども、イエスが必ず死者の中から復活されることになっているという聖書の言葉を二人はまだ理解しておらず、家に帰っていった。一方、マリアは帰らず、墓のそばに残った。二人の天使に会ったのは、泣きながら身をかがめて墓の中を見た時だ。

天使たちに、「わたしの主が取り去られました。どこに置かれているのか、わたしには分かりません。」と訴えながら後ろを振り向くと、そこにイエスが立っていた。マリアはそれがイエスだとはわからず、彼のことを園丁《えんてい》だと思って、「あなたがあの方を運び去ったのでしたら、どこに置いたのか教えてください。わたしが、あの方を引き取ります。」と言った。そこで初めてイエスが「マリア」と呼びかけ、マリアも「ラボニ」（ヘブライ語で「先生」という意味）と答えてすがりつこうとした。

この時イエスが言ったのは、「わたしにすがりつくのはよしなさい。まだ父のもとへ上っていないのだから。わたしの兄弟たちのところへ行って、こう言いなさい。『わたしの父であり、あなたがたの父である方、また、わたしの神であり、あなたがたの神である方のところへわたしは上る』と。」という言葉で、それを受けたマリアは弟子たちのところへ行って、「わたしは主を見ました」と告げ、また主から言われたことを伝えた。

すでに何度か述べたように、「ヨハネによる福音書」はすでにキリスト教信仰の基礎が出来上がってから編集されたものだから、イエスの伝言も、自らの復活を告げ昇天を予告するものになっているが、それが弟子たちにではなく、まず女性であるマリアを通して告げられたことは他の福音書と同じだ。

それなのに、イエスの昇天と聖霊降臨《せいれいこうりん》の後で世界中に福音を伝えに行った「使徒」たちは全員が男性だった。マグダラのマリアがようやく男の使徒たちと「同格」だとされて、ローマの教皇庁が毎年七月二二日を「マグダラの聖マリアの記念日」とし、全教会に義務付けたのは二〇一六年の六月のことだった。翌二〇一七年の四旬節《しじゅんせつ》の黙想《もくそう》で、フランシスコ教皇はマグダラのマリアのことを「新しい、最も大きな希望の使徒となった」と表現した。彼女はこうして、ようやく「福音の第一使徒」だと認められたわけだ。

†エマオの旅人

先に引用した「ルカによる福音書」の場面に戻ろう。そこでは、婦人たちは天使には出会ったけれど、イエスには会っておらず、すぐその後に、有名な「エマオの旅人」のエピソードが書かれている。世界中に支部を持つ慈善団体「エマウス共同体」の語源となったエピソードの二人の旅人は、復活のイエスに最初に出会った証人だ。

　ちょうどこの日、二人の弟子が、エルサレムから六十スタディオン離れたエマオという村へ向かって歩きながら、この一切の出来事について話し合っていた。話し合い論じ合っていると、イエス御自身が近づいて来て、一緒に歩き始められた。しかし、二人の目は遮られていて、イエスだとは分からなかった。

イエスは、「歩きながら、やり取りしているその話は何のことですか」と言われた。二人は暗い顔をして立ち止まった。その一人のクレオパという人が答えた。「エルサレムに滞在していながら、この数日そこで起こったことを、あなただけはご存じなかったのですか。」イエスが、「どんなことですか」と言われると、二人は言った。「ナザレのイエスのことです。この方は、神と民全体の前で、行いにも言葉にも力のある預言者でした。」（24章13〜19節）

イエスと出会ったのは「二人の弟子」だが、その名は「クレオパ」という一人しか挙げられていない。もう一人が実はクレオパの妻だったという説もある。「ヨハネによる福音書」によれば、「イエスの十字架のそばには、その母と母の姉妹、クロパの妻マリアとマグダラのマリアとが立っていた」（19章25節）。

このクロパという名前もクレオパという名前も聖書にはそれぞれこの一カ所にしか出てこない。両者が同じ名前だったというのは文脈と表現から見て否定できない説だ。だとしたら、イエスの「弟子」には夫婦でつき従った人もあるかもしれないということになり、女性もまた「弟子」と認知されていたことがわかる。

†名前を改竄された「ユニア」

同じように、初期共同体の中で優れた「使徒」と認知されていた二人の人物のうちの一人が明らかに女性だったことも知られている。パウロが「ローマの信徒への手紙」（16章7節）で「わたしの同胞で、一緒に捕らわれの身となったことのある、アンドロニコとユニアスによろしく。この二人は使徒たちの中で目立っており、わたしより前にキリストを信じる者になりました」と言及している二人のうちのユニアスである。ユニアスは男性名だが、もとは「ユニア」という女性名だった。

コンスタンチノープル大司教で「教会博士」の聖ヨハネ・クリソストモス（三四四〜四〇七）もこの人物のことを評して、「この女性の智恵は偉大で、使徒と呼ばれるにふさわしかった」と書いている。それなのに、その後の男性優位のローマ帝国の時代に、いつのまにかユニアは男性名であるユニアスに「改竄《かいざん》」され、その結果文法上の齟齬も生じている。

「復活のキリスト」ではまだなかった生前のイエスが説教の旅をしていた頃から、その教えに心酔して、故郷や家を捨てて従った女性たちは少なくなかったようだし、裕福な女性がイエスたちの活動を支えていたことも知られている。

マグダラのマリア自身も、後に意図的に習合された「イエスに赦された罪の女（姦通の女や娼婦）」などではなく、マグダラに立ち寄ったイエスに救われた後で、家族を捨ててイエスに従った若い女だった可能性が高い。

さらに、刑死という受難を経て男たちの信頼や希望が揺らいだ後では、「復活のイエス＝キリスト」を信じる点において、女性たちは概して男性たちよりも先んじていたように思える。

†初期キリスト教の聖女たち

それだけではない。ローマ帝国の一属領に過ぎないパレスチナの一角から宣教を開始したキリスト教が、迫害に遭いながらも最後は国教にまでなり、後のヨーロッパを席巻した背景にも、女性たちの果たした大きな役割がある。

ローマの貴族階級の裕福な女性たちが次々と洗礼を受け、初期キリスト者たちを助けた。四世紀のローマの女性マルケッラはギリシャ語、ヘブライ語に通じ、寡婦となってからは禁欲と祈り、慈善に身を捧げ、聖ヒエロニムスを迎え入れて聖書のラテン語訳に貢献した。

ヒエロニムスは、異教の風習を捨てない当時のローマのキリスト教司祭たちを批判してアンティオキアに戻った。マルケッラを通してヒエロニムスを知り、彼の聖書翻訳を手伝った名門貴族の寡婦パウラは、生涯独身のキリスト者になる誓いを立てた娘とともに、ヒエロニムスの後を追った。

さらに、後にエルサレムに巡礼したヒエロニムスは、高徳の修道生活を送るメラニアに出会った。メラニアはイベリア半島出身の裕福な貴族女性で、二二歳で寡婦になった後、荒野で隠修生活を送り、八〇〇〇人とも言われる奴隷を解放し、キリスト教徒が迫害された時代に私財を投じてエルサレムに女子修道院と男子修道院を建てた人だ。さらにオリゲネスの著作を読破して、その説を擁護したことでも有名だ。彼女は修道院を継いだ孫娘と共に聖女として崇敬されている。

若い頃に放蕩《ほうとう》した聖アウグスティヌスが母モニカに影響を受けて洗礼を受け、ラテン教父となって初期キリスト教神学の基礎を築いたことも有名だ。そもそも、女性たちが率先してキリスト者となったのは、父権制社会に縛られていた女性たちにとってはキリスト教が「自由」の道と同義になっていたからだ。結婚して財産を継承させる子どもを産むという「正しい道」をまっとうしない女性には、奴隷、娼婦、病者などとして搾取されたり隔離されたりする以外に選択肢がなかった時代に、自立して行動したり互助システムを創ったりする道が与えられたのだ。

キリスト教が迫害されていた時代には、異教徒との結婚を拒否して殉教《じゅんきょう》した聖女たちも少なくなかったが、その後、財産も教養もある寡婦として堂々とキリスト教を広めた女性たちの存在は大きかった。概して女性の方が先にキリスト者となり、率先して子どもたちを信仰に導いたという大きな流れが、キリスト教の勢力を拡大した。こうして、復活のイエスがマグダラのマリアに託した使命は女性たちに確実に受け継がれていったのだった。

†「悔悛した罪の女」マグダラのマリア

「使徒の中の使徒」としてようやく認められたマグダラのマリアだが、中世以来、主として「改悛した罪の女」という人物モデルを体現した。もともとキリスト教の伝統の中には、常に「最も小さい者に仕える」、飢え渇いた人や貧しい人に施し、旅人に宿を貸し、病人を見舞い、囚人を訪問するという原則がある。だからこそマグダラのマリアが「弱者」として位置づけられることの意義は大きかった。

聖書の中に出てくる数人のマリア（イエスに悪魔《あくま》祓《ばら》いを受けたマリア、ラザロとマルタのきょうだいであるベタニアのマリア、イエスに香油を塗った罪の女）を、「罪の女マグダラのマリア」として混ぜ合わせたのは六世紀末の聖グレゴリウス一世だった。といっても、一三世紀以前のカトリック教会の判断にはいつも民衆の信心が先行していた。イエスに福音宣教を託された「使徒」であるはずのマグダラのマリアは、中世の人々にとって「改悛した罪の女」である必要があったのだ。それは修道士たちや「教会」にとっても同じことだった。中世ヨーロッパのキリスト教文明は、人々に社会のヴィジョンを提供する役割を担っていた。

当時のキリスト教のモデルとなった女性像は、人類を堕落させて楽園から追い出された「罪の女イヴ（エバ）」と、その原罪を贖ってくれるキリストを産んだ無原罪の御宿りの「おとめマリア」とに二極化していた。

殉教処女や聖女たちはみな「おとめマリア」の道を目指している。けれども、当然ながら、「普通の人々」は、父権制社会の「落ちこぼれ」である「罪の女」はもちろんのこと、誰でも罪と過ちを繰り返す。そんな現実の女性たちのために、イヴと聖母という両極をつなぐ架け橋としてマグダラのマリアが選ばれたのだ。それは民衆の期待と一致するものだった。「悪魔に憑かれたり売春や姦通をしたりしたかもしれないマグダラのマリアが、イエスの最も近いところに寄り添うことができた」というイメージは、愛と希望を約束する有効なメッセージとなり得たのだ。

こうしてマグダラのマリアの名を冠した「罪の女」たちの更生施設、社会の周辺に追いやられた女たちの互助施設、病院、信心会などが次々と生まれた。マグダラのマリアをめぐる様々な図像表現は、「罪の女」に向ける男たちの視線を深いところから変革し昇華する道を提供したのだ。

†マグダラのマリアの巡礼地

南フランスにあるマグダラのマリアの巡礼地には、フランスの王や貴族や修道会の思惑によって成立した伝説や聖遺骨の真贋を超えて、そこを訪れた錚々たる人々の信仰の余熱が今も脈打っている。

聖ルイ王、フランソワ一世、カトリーヌ・ド・メディシス、ルイ一三世、母であるアンヌ・ドートリッシュに連れられた若き日のルイ一四世らが、「王」の道と呼ばれる巡礼路を歩いたのはもちろんだが、シエナの聖女カタリナ、聖女ジャンヌ・ド・シャンタル、スウェーデンの聖女ビルギッタ、聖ヴァンサン・ド・ポール、漂泊の聖ブノワ・ラーブルなど錚々たる聖人たちが巡礼の跡を刻んだし、二〇〇五年に列福《れっぷく》された砂漠の修道士シャルル・ド・フーコーの奉献した謝辞もサント・ボームに残っている。巡礼地をつくるのは、神学上の配慮でも、そこに祀られているモノやそこで起こる奇跡の評判でもなくて、そこを訪れる人たちの思いだというのがよくわかる。

マグダラのマリアがつないでくれるのは、イヴと聖母マリアの間だけではない。疑い深く信仰に欠けていた弟子たちに代表される男性たちや、復活の物語をスキャンダラスで非合理的だと否定する異邦人たちと「復活のキリスト」とをつなぐためにも、マグダラのマリアが必要だった。

イエスがその「教え」によってだけではなく、奇跡の治療師として人々を惹きつけたことは前に述べた。その「奇跡」そのものが、「律法主義的な因果応報」とも「合理的思考」のメカニズムとも相容れない。二〇〇〇年も前の地中海沿岸の人々など、蒙昧《もうまい》で非合理的だっただろうと思われるかもしれないが、もうすでにその四〇〇〇年も前からアリストテレスが論理学、自然学、生物学、気象学などの知的体系を確立していたことを想起してほしい。イエスの奇跡だの死からの復活だのは、社会の上層部にいる男性たちの「合理的」知性に堪えられるものではなかった。イエスの奇跡と復活が男たちに「届く」ためには、女たちによる実践とひと押しが必要だったのだ。

そもそも、古来、「死」と対極にある「出産」に関わる女たちは、あの世とこの世の境界領域と親和性が高いとされていた。出産を助ける「助産婦」は、同時に民間療法師でもあったし、苦しみ騒ぐ人を落ち着かせる「治療師」としての「霊能」を周りから認められている人も多かった。

共同体と離れた「森」に住み、薬草調合の知識を持つ女たちもいた。フランスの地方の村では今でも、代々活動している霊能治療師たちがいて、その中には男性もいるが、たいていの場合は母親や祖母から能力を受け継いだという。ほとんどのケースで治療は無償となっている。他者を救う使命を自覚しながら自分自身を犠牲として差し出すという意識があるからだ。

女たちにとっての「神の国」は、隣人と愛し合い、敵を赦し、支え合うことによってのみ実現する内的なものであり、そのような女たちの福音の精神という基礎があったからこそ、キリスト教的な自由と正義と真実を打ち立てるための戦いに、世界の果てにまで出かける男たちが現れた。

とはいっても、ローマ帝国の国教となって以来、既成秩序、体制、組織としての「教会」は、イエスの望んでいたもの、女たちが仲介したものとはどんどん乖離《かいり》し、特権的な人々の欺瞞《ぎまん》に覆われていった。使徒ペトロの継承者とされるローマ教皇を戴くカトリック教会の歴史の中でも、そうした堕落に対する批判は何度も起こっている。

†教会博士になった聖女たち

「信仰と理性は人間の精神が飛翔するための両翼のようなものだ」とは、ヨハネ・パウロ二世の言葉だ。言い換えれば、キリスト教の中でも、使徒ペトロ的なものとマグダラのマリア的なものの両方が必要だということだろう。そのどちらかが肥大する時代には、もう片方も強調しないと精神は飛び立てない。だからこそ、数多くの「聖女」たちの中からも、「見ないで信ずる」感性や直感によってだけではなく、その神学的知性によって模範とされる者が選ばれるようになった。その最高の「お墨付き」が「教会博士」という称号だ。

これは神学上重要な役割を果たした聖人に与えられる称号で、初期キリスト教の教義を確立した聖アウグスティヌスなどの神学者をはじめ、スコラ哲学を集大成した聖トマス・アクィナス、一六世紀スペインにいた十字架の聖ヨハネのような神秘家など、錚々たるメンバーが名を連ね、現在三六名を数える。

一三世紀末にボニファティウス八世が、使徒や福音書記者と同等の典礼を意図して導入したもので、二〇一九年現在、教皇が二名、司教、主教、枢機卿《すうききょう》が一七名、男性聖職者らの「教会博士」に対して、女性は四名しかいない。そしていずれも、二〇世紀後半の第二バチカン公会議以後にようやく選ばれている。

そのうち三名は一九七〇年以降に教会博士となった。一六世紀のスペインのカルメル会修道女アヴィラの聖テレサ、一四世紀のシエナの聖カタリナ（終身誓願《せいがん》をした在俗ドミニコ会所属）、そして一九九七年には没後一〇〇年に当たるフランス・カルメル会修道女リジューのテレーズが加わった。スペイン、イタリア、フランスという、伝統的なカトリック国の出身者が並んだのは不思議ではない。

最初の二人は激烈な神秘家で精力的に活動した。祈りと行動が一致した例だ。カタリナは教皇庁がアヴィニョンに移された危機の時代に、教皇のローマ帰還やフィレンツェとの和平協定に尽力した。テレサも宗教改革後のヨーロッパで修道会の改革に乗り出し、跣足《せんそく》カルメル女子修道会を創設して精力的に動き、神との合一を目指す神秘体験や瞑想のメソードを残した。

†幼子の神学

その二人とは対照的に、リジューのテレーズは短い生涯の三分の一以上を観想型修道院で過ごしたが、反教権主義の渦巻く一九世紀末から二〇世紀にかけての苦しい「近代化」の時代に、新しい聖女のモデルとなった。カトリック教会は、一五歳で修道院に入って二四歳で死んだテレーズが唱えた、「幼子のような小さい道」を評価して、テレーズを「教会博士」の列に加えるという不思議で巧妙な決定をしたのだった。

テレーズには、カタリナやテレサのような歴史的で政治的な動きや、時の権力者たちへの華々しい影響力などはなかった。けれどもそれはむしろ、抵抗せずに十字架上で惨めに殺されたナザレのイエスが復活したというキリスト教のルーツの持つ逆説とは合致している。

前に述べたように、福音書のイエスは「神の国は子どもたちのような者たちのものだ」と、救いにおける子どもの優位を語っている。弟子たちは、当時からしっかりと父権的、家父長制的な「大人の論理」を掲げていたようだが、キリスト教もヨーロッパの歴史の中で権威と権勢を拡げていった。そのように家父長的な教会権力が近代になって力を失っていく時代に、テレーズが現れて、「幼子のようにイエスに抱きかかえてもらう」道をあらためて示唆したことになる。

姉たちによって編纂されたテレーズの考え方は、特に、時代の変わり目の不安と共に、「権力争い」に敗れたり、競争から落ちこぼれたりした大人たちに慰めを与えるメッセージとなって思わぬ広がりを見せ、テレーズの「とりなし」によって願いがかなえられるという「奇跡」が続々と報告されることになった。

「幼子」の心を持つことがイエスへの最短距離なのか、それを提唱したのがテレーズのような「若い女」であることが付加価値を与えたのかはわからない。テレーズの生きた一九世紀のフランスでは、ナポレオンの帝政から始まって王政復古や革命などの政変が相次ぎ、さらに普仏戦争での敗北を経て、人々は科学進歩主義と共和国主義によって払拭されたかに見えた宗教イメージを無意識に求めていたのかもしれない。

一八三〇年にはパリの社会活動型修道会である愛徳姉妹会のチャペルで、若い見習い修道女カトリーヌ・ラブレーのもとに聖母マリアの「ご出現」があった。その聖母の指示によって造られた「奇跡のメダル（不思議のメダイ）」が大人気となり、一八五八年にはそのメダルを首にかけた一四歳の少女ベルナデット・スビルーの前にも聖母マリアが現れて、「ルルドの泉」が湧き出した。

科学進歩主義も資本主義も、帝国主義や権力争いも戦争も、みな「男たち」の思惑や欲望によって推進されているという意識の中で、男たちが「女子ども」の保守的教育の場として温存していた「キリスト教」が、それに対抗するモデルを提供し始めた。そこで生まれた流れは、第二次大戦中に発表された小説『星の王子さま』にまで続いている。『星の王子さま』は「大人になってしまったあなた」に捧げられている本であって、子どもに捧げられているわけではない。日本でも有名な「本当に大切なものは目に見えない」とか「大切なものは心の目で見る」というフレーズも、実際はプラトンとパスカルのフレーズの転用だが、そんなセリフをキツネと子どもに言わせることで、「子どもは大人より真実を見る」という幻想が生まれる。

星の王子さまやキツネや神の国の子どもたちは、もう子どもではなくなり、また女でもない「大人の男」たちが描く「夢」を体現する。そうした「子どもは大人が失った純粋な魂を持ち、偏見もなく、真実を見る心を持っている」式の、ステレオタイプの子ども称賛は、乳飲み子を抱きかかえるマリアの姿や「幼き者の神学」を創始した教会博士リジューの聖テレーズへの回帰現象を生んだのかもしれない。

†古くて新しい聖女

四人目の女性が「教会博士」の称号を得たのは、二一世紀に入ってからだった。二〇一二年にドイツ出身の教皇ベネディクト一六世が、一三世紀から展開されたライン神秘主義の源流ともされる女性を「教会博士」の列に加えると宣言した。一二世紀ドイツのベネディクト会修道院長であったヒルデガルト・フォン・ビンゲンである。地方貴族の家系の出で人脈もあったこの人は、あらゆる意味で大物だったが、当時のマインツの聖職者たちを批判したせいで、いわゆる正式の聖女の称号は得られていなかった。

彼女は、教皇も王侯貴族も歯に衣着せずにその腐敗を辛辣に批判し、男社会だったキリスト教界で、自由と独立の精神を持って屹立《きつりつ》した人だ。ラテン語で著書を残したこともありすでに有名だったので、長い間準聖女と見なされていたが、ベネディクト一六世がついに、正式な聖女として普遍教会の典礼に組み込んで、あまつさえ教会博士の称号を贈ることにした。

ビンゲンのヒルデガルトにスポットライトが当たるようになったのはほんの半世紀ほど

前のことで、ドイツの代替療法である自然療法家による再発見がきっかけだった。医学や薬草学の書を残していた彼女は、「ドイツ薬草学の祖」とまで言われるようになったのだ。今の教皇庁はエコロジーに力を入れているので、その流れからも、二一世紀になって彼女の存在はますます重要な意味を持つことになった。神秘家でもあり、様々な幻視を描き、語り、博物学の重要な著書も残し、さらには作曲家でもあった。

女性が作曲をするのは例外的なことではない。カトリックには復活祭の六〇日後に祝われる「聖体祭」というものがあるが、そこで使われる典礼の音楽も言葉もすべて、ヒルデガルトより一〇〇年ほど後の時代にベルギーのリエージュの「モン・コルニヨンのジュリエンヌ」(一一九三~一二五八)という修道女が創ったもので、一二六四年に教皇から正式に採用された。

ジュリエンヌは五歳で孤児となり、アウグスティヌス会のハンセン病患者を世話する共同体で育てられ、一四歳で修道女となりラテン語や神学書を学び、イエスの姿を見たり声を聞いたりした。そして二九歳で修道院長になっている。ある隠遁《いんとん》修道女と協力して「聖体祭」を一二四六年に実現させるものの、反対も多く修道院を追われてシトー会修道院などに身を隠したこともあったが、死後にめでたく聖女の称号を得ている。このように「聖女」を生み出すことは、父権制の論理の中で時として聖性を逸脱したり歪めたりしてきたカトリック教会が、軌道修正するための必要不可欠な装置でもあるのだろう。

ビンゲンのヒルデガルトの世界は、前述した境界領域に住む治療師「森の女」の智恵の伝統につながっている。ヒルデガルトにはそれを体系化する環境と言語能力があった。人間の心は体に宿り、魂は心に宿るという心身相関のホーリスティックな考え方にスピリチュアルな次元を加えて、健康と霊性を結びつけた。魂に宿るのは彼女が「緑気」と呼んだ生の力で、その考え方は後のバイオ・エネルギーや「気」の考え方に非常に近い。単独の病というものは存在せず、「病んだ人間」を神との関係で捉えた。

それまでは寄生虫の駆除や胃痛にだけ効くとされていたハーブのリキュール、アブサントをオリーブ油に溶いてクリームにすると肺炎に効くし、マッサージにも使えるなどという具体的な療法も、すべて神から告げられたものだと彼女は述べている。

ビンゲンのヒルデガルトが二一世紀になって聖女となり、さらに教会博士にもなったことは、私たちに一つの気づきを与えてくれる。近代以降、「人類の進歩」が科学技術の発展や生産力の増大、富の蓄積だけで測れるものだという「神なき宗教」が席巻した。それがほころびを見せ始めた時代に、ほんとうの「進歩」とは、力や数だけでなく直感や共感力に根差した超越的な何かを統合したところにしかないという気づきである。

†現代の聖母マザー・テレサ

カトリックの「聖女」の中で、今世界で一番有名なのは、マザー・テレサ（一九一〇〜一九九七）かもしれない。

「聖人」というのは死後に与えられる称号で、生前の模範的な生き方だけではなく、「帰天」した後も人々の祈りをイエス・キリストに取り次ぐというように、人々とのアクティヴな関係が続いていることが必要条件となる。

けれどもマザー・テレサの場合は、何しろ生前から、バチカンから授与された一九七一年のヨハネ二三世教皇平和賞や、一九七九年のノーベル平和賞受賞に続いて、インド政府からもイギリス女王からも賞を授かり、一九九六年にはアメリカ名誉市民にまで選ばれた。「教会博士」でこそないが、複数の大学から「名誉博士号」も受けている。

二〇一六年九月四日、フランシスコ教皇がバチカンでマザー・テレサを列聖した時、ローマでの列聖式が、フランスの公営テレビで朝から中継されたことに驚いた人は多かった。フランスは政教分離が徹底している国だから、「フランス人の聖人」が列聖される場合でも、公営テレビでの中継はない（クリスマスイヴの中継はあるが、フランス各地の教会も映される風物詩のような扱いだ）。フランス人の聖人だと、「カトリック村」の話になってしまうので共和国の公営テレビには向いていないが、マザー・テレサならノーベル平和賞受賞者だから「人類」みんなの聖人という扱いになったのかもしれない。

マザー・テレサの国籍は、オスマン・トルコ（一九一〇〜一九一二）、セルビア（一九一二〜一九一五）、ブルガリア（一九一五〜一九一八）、ユーゴスラビア（一九一八〜一九四八）、インド（一九四八〜一九九七）、アルバニア（一九九一〜一九九七）と何度も変わった。覇権争いに巻き込まれた東欧人だからこそ、すでに国際的な存在だったわけだ。

それでも、「マザー・テレサ」と言えばインド、「カルカッタの聖女」というイメージが強い。実際マザー・テレサは、今でもインド国内では「インドのイコン」として国民的な存在であるそうだ。マザーの死後一五年経ってガンジス河岸ベナレス（バラナシ）にあるパリ外国宣教会にやってきた若いヤン・ヴァヌー神父は、その実態に驚かされた。

カトリックの立場から見れば、ある宣教師や修道者が現地でいくら崇敬されているとしても、死後に公的な手続きを経て尊者、福者《ふくしゃ》、聖人と認定されなければ、「信心グッズ」が出回るということはあり得ない。列福や列聖の条件である「祈りの取り次ぎによる奇跡」のチャンスを増やすために、「聖遺物《せいいぶつ》（服の切れ端など）」付きのカードにとりなしの祈りの文句を書いたものなどが配られることはある。けれどもキリスト教文化圏の「先進国」では、そんなカトリックの聖人システムが迷信的だと批判されたり揶揄されたりすることが多いので、カトリックのコミュニティーの外にむやみにメダルなどが出回ることはない。崇敬の対象が存命の場合はもちろんだ。

ところがマザー・テレサは、インドでは生前からすっかり「聖女」扱いで、屋台、露店にマザーの置物がヒンズー教の神像と並んで売られていたらしい。痩せたインドの子ども（なぜか下半身裸）を抱くマザー・テレサの白い像は、他の神像の中でもひときわ目立っていた。ガネーシャやシヴァの神像と並べてマザー・テレサの像を自宅に飾っているヒンズー教徒もいる。

ヒンズー教徒とインドのムスリムにとっては、マザー・テレサは聖女というより「女神」なのだ。このようにすでに他宗教によっても崇敬されている人物を、カトリック教会が列聖するのは他に例がないことだった。

カルカッタではマザーの墓所を拝みに来る巡礼者の行列が絶えず、宣教会のシスターたちがインド中にいるので、その修道服であるサリーは国のエンブレムの一つになっている。新聞も宣教会のことを話題にするので、今では、半世紀近く前に彼女と同じく国葬になったガンジーよりも存在感があるという。確かに外見が普通のインド人であるガンジーよりも白いヴェールをつけたマザーの方が、神像としてのビジュアルには向いているようにも思える。

†愛のダルシャン

マザーは生前からすでに、ヒンズー教徒の目からはダルシャン（神の顕現《けんげん》）だとみなされていた。インドでは一般にダルシャンとは神殿に住むグル（尊師）で、訪れる人々に平和と智恵と愛を伝える存在だ。マザー・テレサはインド人でもヒンズー教徒でもない唯一のダルシャンだった。

そのサリーを着た簡素な外見がダルシャンの新たな力ともなり、日常的に彼女が外を歩くとき、多くの人が彼女の後をついていき、服に触れようとしたという。このエピソードを聴くと、聖書に書かれている、イエスの衣の裾に触れて病の回復を願った人々のことを思い出す。

マザーへの崇敬があまりにも浸透しているので、彼女のインド国籍取得を問題視する人はいなかったし、ヒンズー教徒の多くにとって、彼女がカトリックだということも重要ではなかった。マザーはヒンズー教の最高の境地に達するための道の一つだと見なされたからだ。

マザーの活動拠点がカルカッタだったということも大きな意味を持つ。インドにおいてカルカッタは「母神」の町だからだ。けれども、カルカッタにはドゥルガー、カーリーなどの母神の神殿があるものの、この二大母神は「慈愛」の様相を呈していない。カーリーは人間のエゴとの戦いの象徴で、エゴの体を踏みつけ、生首を連ねた首飾りをつけているし、ドゥルガーは権力の象徴で、槍を構えて虎の上に乗っている。マザー・テレサはそのようなカルカッタの母神のイメージに「母性愛＝やさしさ」という新しい面を加えたわけだ。

確かに、「黒き者」という意味のカーリーは憤怒相を持つ戦いの女神だから、白いサリーを着た白人で、小柄で温顔のマザー・テレサはその対極にある。ドゥルガーは外見は優美で美しいものの、一〇本あるいは一八本の腕にそれぞれ神授の武器を持つアマゾネスのような勇ましさで一二神将の一つになっていて、「黒闇天《こくあんてん》」とも同一視されるという。仏教に取り込まれた黒闇天は文字通り夜や闇を司る女神で、やはり不吉な雰囲気を持つ。

「もし私が聖女になるならば暗闇の聖女になるでしょう」と言っていたというマザー・テレサが、黒闇天のことを意識していたのかどうかはわからない。マザーは半世紀もの間、神の姿を見失うという「信仰の闇」の試練に陥っていたと告白している。慈愛の母親として弱い者を抱き取ってくれるだけではなく、マザー自身の抱えていた闇が、「信じる者には夜間の安らぎ」を授けてくれるドゥルガー神の力と重なっていたのかもしれない。ヒンズー教徒から「白くて優しい慈愛の母神」として崇敬されたマザーの陰影こそが、宗教や国を超えて届く独特のオーラを彼女に与えていたのだろう。

†新しい聖母

列聖式の説教で、教皇は新聖女を「マザー・テレサ」と呼んだ。それに倣ってカトリックのメディアも「聖女テレサ」とか「聖マザー・テレサ」と呼び変えることなく、これまで通り「マザー・テレサ」と呼び続けた。カトリックの聖女の中には女子修道院長として「マザー」と呼ばれていた人は少なくないが、「聖女」となった時点で「マザー」から「聖女」へとステップアップする。マザー・テレサが「マザー」と呼ばれ続ける理由は、彼女が聖女になったのが何よりもその「母」としての側面によってであり、つまりキリスト教の「母の愛」の側面をインド社会が発見したことが重要だからだとも言われる。教皇庁にはその意味を見抜く慧眼があるということだ。

他の病気は薬で治るが、自分が愛されていない、誰にとっても意味がない、と感じてしまう絶望の病を治すのは愛しかない。マザー・テレサはそれを実践した。その「愛」の根源にあるのが「母の愛」となる。パステルナークの『ドクトル・ジバゴ』にある、「どうして神は（イエス・キリストに）受肉したのか？　それは神もお母さんというものを知りたかったからだ」という言葉も、マザーの列聖式で引用されていたが、その「マザー」という言葉を強調することで、「母の愛」というジェンダー・バイアスが増幅される違和感を表明する人もいる。

マザー・テレサ自身も「母性」に賞賛を惜しまず、一九九五年に北京で開催された世界女性会議へ宛てたメッセージの中で「女性特有の愛の力は、母親になったときに最も顕著に現れる。神様が女性に与えた最高の贈り物――それが母性なのです」などと言っている。もっともマザー・テレサはその後に続けて、子どもたちが家庭で父母の姿から愛すること、祈ることを学ぶ重要性を付け加えているから、子どもという弱者を養う場面でのジェンダーの補完性は認めているわけだ。

†不可触賤民とマザー・テレサ

マザー・テレサは、ヒンズー教徒から不可触賤民《ふかしょくせんみん》とみなされている人たちのそばで長い時間を過ごした。マザーが神の顕現であると同時に、日常的に「不浄な人たち」と共に生きていたというパラドクスは、多くの人に衝撃を与えた。マザーの「死に行く人の家」の門の上には「I THIRST（私は渇く）」という言葉とともにイエスの磔刑像《たっけいぞう》が掲げられている。そのことも、十字架に「不名誉な死」を見る一定の人々にはいつも、何かの間違いではないかと捉えられていた。輪廻転生《りんねてんしょう》の宗教観に照らしてみると、もしキリストがそんな死に方をしたのなら、彼は前世で悪人であったに違いないからと思えるからだ。

そのスキャンダルに加え、「死に行く人の家」が、カルカッタのカーリー女神の神殿の、巡礼者受付だった場所にあることを疑問視する声もあった。「神殿のブラーマン」と「死に行く賤民」とを同じ場所に配したことになるからだ。にもかかわらず、神殿で供物の山《や》羊《ぎ》が喉を掻き切られ、その隣で断末魔の賤民が死んでいくという事実の不可解さが、人々のマザーへの崇敬を妨げることはなく、みながマザーという「生き神」を崇めていた。

キリスト教の中にも、悲惨な磔刑像を避け、復活の栄光のキリスト像や、十字架だけを掲げる宗派は少なくない。それを思うと、カトリックの修道会が輪廻転生の文化圏において、十字架に釘打たれて苦しむ不吉この上ない磔刑像を掲げることは挑戦的でもある。結果的に、マザー・テレサは、路上で死にかけている「賤民」よりも、もっと悲惨な「神」の姿を前面に出してみせたことになる。

マザー・テレサだけではなく、多くの修道会が伝統的に、被差別者、病んだ人や死に行く人の世話をしてきた。キリスト教の宣教師たちは、どこの社会でも忌避され隔離されてきたハンセン病患者の救護に積極的に関わり、被差別民族に寄り添うことで人々を驚かせた。彼らがその時々の政治や権力にどれだけ影響を受けていても、以下に示す「マタイによる福音書」の有名な箇所（25章34〜40節）が刷り込まれていたからだろう。

「さあ、わたしの父に祝福された人たち、天地創造の時からお前たちのために用意されている国を受け継ぎなさい。お前たちは、わたしが飢えていたときに食べさせ、のどが渇いていたときに飲ませ、旅をしていたときに宿を貸し、裸のときに着せ、病気のときに見舞い、牢にいたときに訪ねてくれたからだ。」すると、正しい人たちが王に答える。「主よ、いつわたしたちは、飢えておられるのを見て食べ物を差し上げ、のどが渇いておられるのを見て飲み物を差し上げたでしょうか。いつ、旅をしておられるのを見てお宿を貸し、裸でおられるのを見てお着せしたでしょうか。いつ、病気をなさったり、牢におられたりするのを見て、お訪ねしたでしょうか。」そこで、王は答える。「はっきり言っておく。わたしの兄弟であるこの最も小さい者の一人にしたのは、わたしにしてくれたことなのである。」

マザー・テレサにとって、「渇き」死んでいく人たちの世話をすることは、キリストの世話をすることと同じだったのだ。時として権力装置、暴力装置となっていたカトリック教会にとって、弱い人々に徹底的に寄り添う「女」たちを「聖女」の列に加えることは、キリスト教の根本精神とつながっている手段でもあり、自浄のシステムともなってきた。

生まれたばかりの乳児という「弱者」は「母」の胸に抱き取ってもらえるかもしれないが、老いたり病んだり傷ついたりして死に瀕する「弱者」もまた、胸に抱き取ってくれる「母」を必要としている。聖人になる条件には、性別も国籍も生前の活動期間も、その内容すら関係がない。最も弱い者、最も小さい者である「神」との関係をどう生きたのか、死後もどう生き続けるかにあるという。そんなキリスト教の逆説を支え、賦活し、良心の砦となってきたのが、「女たち」であり「聖女」たちだったのである。

第五章

魔女の登場

——聖女になれない女たち

フランソワ・ニコラ・シフラール「ジャンヌ・ダルク」(The Knohl Collection)

†聖女から魔女へ

覇権主義がはびこる父権制社会であったギリシャ＝ローマ文化圏で、キリスト教は人と人との対立や、よそ者の排除や、弱者の差別を撤廃し、すべての個人がそのまま愛され尊重されるべきだという革命的な普遍主義を説いた。それがどれほど革命的だったかといえば、その教えを説いた一介のラビ（イエス）が、神殿の大祭司に敵視されローマの総督まで巻き込んで、公開処刑されたということからもわかるだろう。そんな「教え」が絶えることなく広まった背景には、社会的弱者である女性たちによる「確信」があった。

キリスト教は繰り返される迫害に耐えて、とうとうローマ帝国の国教にまでなった。皇帝も、あちこちの神々を招聘《しょうへい》したり祀ったり、自らを神格化して演出したりするよりも、結局は唯一の神を味方につける方が効果的だということに気付いたのだ。ローマ帝国が東西に分裂した後、西ヨーロッパの教会はローマ司教の首位権を主張した。男性聖職者によるヒエラルキー体制が確立し、固有の領土まで寄進されて、ローマ教皇はヨーロッパの領主の一員としてふるまうようになった。

それでも、「弱者を通して超越者と出会う」という逆説は信仰の水脈として続き、自然に宿る精霊や大地母神を祀り崇敬する異教の古層は、地方においてはほとんど形を変えずに残った。

それを可能にしたのが、聖母マリアやイエス・キリストに託された「女性性」であり、時と場所によって、生身の女性たちを通して様々な姿で神とつながることを可能にした「聖女」たちの存在だった。聖女たちは、神とつながることで「女」としてではなく「人」としての完成を求めたが、「教会」は彼女たちを死後に「聖女」として時空から解き放ち、苦しむ信者に手を差し伸べさせることにした。そうして、天に向かうハードルを下げてみせるという印象操作に成功したのだ。

そんな聖女にすがることで力づけられてきたのは、圧倒的に女たちだった。一方、「女」の上に、神に背いたイヴと、無垢の聖母マリアと、罪の女のマグダラのマリアを交互に投影してきた男たちは、時として聖女たちを恐れた。

立法、司法、行政の機能と権力を効率的に構築、管理するために力を注いできた男たちにとって、聖女は、理屈では割り切れない神秘や、制御しきれない民衆のパワーや、飢饉や疫病で起こる絶望に対処するのに必要不可欠な緩衝装置でもあり減圧装置でもあった。けれども「女」も「聖女」も、男たちにとってはいつも危険で、永遠に謎めいた秘教の香りを発していた。その潜在的なリスクを管理する試行錯誤の中で「魔女」が登場した。

「魔女」とは、男たちによって作り上げられた「もう一つの聖女」、闇の聖女だったのだ。

†魔法と魔法使い

どの文化にも、「魔法」や「魔法使い」が存在する。暮らしを取り巻く自然や人生の中で、人間が自力で予測したり、対応できる以上の試練に出会った時に、「超自然」の力に依り頼むという心性は普遍的だ。神話や伝説に基づく宗教や、特定の共同体の安全と存続を願う守り神信仰はどこにでも見られる。疫病や災害が「神の怒り」「神罰」のように呼ばれることも多い。

だからこそ、民間信仰や宗教組織は、ある時は人々を守り、ある時は害する「神的な力」をマネージメントする体制を中心に組織されてきた。目に見えない神を憑依《ひょうい》させたり、神託を聞いたりする「専門職」が生まれ、それを養成する集団やメソードも生まれた。ギリシャの古代都市では、司祭になるのに男女の区別はなかった。女神を女性が祀ることも男が祀ることもあり、男神も同様だった。聖火を守る女司祭には闘技場の席などの特典があったという。「見えないもの」を呼び出したり、その力を引き出したりする「霊媒《れいばい》」も必ずしも女性に限られたわけではない。

問題解決のために死者の意向を聞いたり、精霊の力を借りたりする時に人々が頼る「超能力者」や「超自然の媒介者」はいつの時代も存在した。民間の霊能治療師や占い師は現代にも存在する。その中には、途中でその能力を失う人、トリックを見抜かれる人や詐欺師、妄想や幻覚を体験する精神障碍者もいるだろうし、彼らを利用して利益を得ようとする者もいるだろう。けれども、今でも民間に「治療師」たちが残っているのは、治癒の仕組みは説明できなくても、その「実績」が認められている場合だ。そうでない人は淘汰される。科学的な新薬や新理論は、再現可能性やエビデンスによって試されるが、「個人の資質」である「超能力」は実際に「効いた」かどうかだけが基準となる。

フランスの地方には、昔からその地域に根づいた「治療師」がいて、子どものイボとりはもちろん、こじらせた風邪、治らない腰痛、膝痛、医者に見離された難病などを先祖代々受け継いだ「手当て」によって治し続けている。もちろん「医療行為」としては認定されていないので、基本的に無料で、普通の仕事の合間に引き受ける。公立病院の救急科にも、傷の痛みをとるため遠隔治療をする治療師の連絡先が備えられていることがある。重い火傷などに効くと、体がとても楽になり、特に子どもには有効な場合があるという。

理屈はわからなくても実際に痛みが消えるケースがある限り、こういう認知のされ方は続いていくだろう。しかもフランスの民間治療師の「治療」には、一般に何のスピリチュアルな意味づけもない。民間治療に関わる人の中には、無神論者だと自認する人もいる。依頼してくる人に治癒能力を適用するだけだ。けれども共通しているのは、人を癒しているのが「自分の手」ではなく、自分の手が取り次ぐ「何か」だと認識しているところだ。典礼やモラルを組織化して提供する宗教にとっては、そのような「何か」や「誰か」を放置するのは不都合なことだ。その結果、「教え」としての宗教の一端には「術」としての宗教が組み込まれてきた。「信仰だけがあなたを救う」と宣べ伝えるだけでは、すでに認知されている数々の「術」や「術師」に向かう人心を管理することはできないからだ。

奇跡の治療師であったナザレのイエスの死と復活から出発したキリスト教は、「使徒」たちにも聖霊（もはや自然物に宿る「精」霊ではなく、父と子の神と一体をなす「聖」霊である）による治療の能力を付与してきた。司祭の施す洗礼の儀式は「悪魔祓い」の儀式でもある。キリスト教が父権的なのは、世俗の父権制を反映したものであると同時に、それを強化する手段として利用されてきたからだ。「超越」にアクセスすることは男である司祭の特権とされるようになった。カトリック教会では、今でも聖餐式《せいさんしき》でワインや聖体パン（ホスチア）が実際にキリストの血や肉に「化体《かたい》」するという神降ろしが生きている。

†恩寵と魔術

キリスト教の神の居場所である「超越」は、ギリシャ＝ローマ的な「超自然」とは異なる。ギリシャ＝ローマ的世界においては、「自然」とは人間の御しがたい「超越」であり、神々の住んでいる場所だった。他の古代社会でも、自然の中に神や精霊が宿っていた。山や海そのものが神であったり、風神雷神のように自然現象も神であったりした。

それに対して、ユダヤ＝キリスト教的一神教世界では、自然と人間は、超越神によって「創造」された「被造物」として対等なものだ。その中で人間だけが「神の似姿」として自然の管理を任されたという解釈から人間の優越性を説く流れもあったが、基本的には「ブラザー・サン、シスター・ムーン」であり、すべての自然は同じ創造主を持つ同胞なのだ。

キリスト教がローマ帝国の国教となり、帝国の版図に広がっていった時も、ヨーロッパの先住民族ケルト人の多神教世界にはドルイドの宗教があり、数々の聖地や「術」が存在し、神官が司法や行政にも関わっていた。キリスト教は大地母神系の崇敬を聖母マリアに置き換え、他の神や聖地にもキリスト教の聖人をあてがい、神殿をチャペルに建て換えた。「術」に使われる様々な小道具や呪符、護符、さらには年間の行事も次々とキリスト教に置き換えていった。

それは、後から移動してきたゲルマン人の宗教にも適用された。手の届かない「超越」神にアクセスするために、それぞれの場面にふさわしい聖人の名が喚起され、「精霊」の代わりに「聖霊」が、「父と子」とセットになった活き活きとしたイメージで各種の願い事を処理するようになったのだ。「父と子と聖霊」の相互作用に加えて、いくらでも増員できる「聖人」や「聖人の遺骨」が、人々の「神頼み」をサポートした。

問題は、加害的な欲求だ。飢饉を避けたり、悪天候や疫病を免れたり、作物や家畜を守るなどの願い事は、キリスト教の神や聖人にそのまま引き継がせることができる。その一方で、民衆の生活の一部をなす「術」の中には、敵を呪い殺すとか、復讐するとか、病を与えるとか、財産を失わせるとか、作物や家畜を傷つけるというような、「裏」の「願い事」が存在した。それらはキリスト教の「慈善」システムには組み入れられないが、その「需要」は決してなくならないので、闇の「術」や「術師」はいろいろな形で生き延びた。

聖母像から幼子イエスを奪って人質にとって願をかけたり、願いをかなえてくれなかった聖人像を破壊したり、聖体パンを「術」のグッズとして持ち帰って家畜に与えたりなどの「工夫」もあったが、キリスト教と関係のない異教的な「術」によって加害的な需要に応えてくれるものも、聖人や聖地と共に、まるで影のように常に存在し続けた。本来は同じ「術」の二分野であったこの習俗が、キリスト教の聖人のとりなしによる神の加護や恩寵と、「悪魔」が介入する「魔術」という別々のものへと分かれていったのだ。

その二つの狭間に、「錬金術」も登場する。錬金術は化学の揺籃期の一段階でもあるが、目に見えない超越神との間を結ぶ聖霊の触媒的な働きによって、魂が精錬され上昇し、別の化合物へ、そして最高の「金」へと達するというアナロジーを追究する「術」でもあった。錬金術を利用する詐欺や悪事があっても、錬金術の「上昇志向」の試行錯誤自体は「悪魔」とは必ずしも関係がない。

†誘惑する悪魔

キリスト教においては、「悪魔」の存在を信じることは信仰の要件ではない。キリスト教の「使徒信条」として今も使われる「信じる」内容に悪魔は出てこない。信じるのは「天地の創造主、全能の父である神」「父のひとり子、わたしたちの主イエス・キリスト」「聖霊」「聖なる教会、聖徒の交わり、罪の赦し、体の復活、永遠の命」などだ。

超越的な存在としての「善神」と「悪神」がいるという善悪二元論は、キリスト教では異端として退けられてきた。「悪魔」は、神に背いた堕天使《だてんし》や、神に背くように人を誘惑する存在で、旧約聖書の「ヨブ記」で描かれるように、必ずしも神の「敵」ではない。また、誘惑者としての悪魔は存在するが、それはすでに征服されているはずだった。天においては大天使ミカエルに敗れ、地においては荒野でイエスに敗れたからだ。

まず、天での戦いは、新約聖書の「ヨハネの黙示録」(12章7〜9節)に書かれている。「さて、天で戦いが起こった。ミカエルとその使いたちが、竜に戦いを挑んだのである。

竜とその使いたちも応戦したが、勝てなかった。そして、もはや天には彼らの居場所がなくなった。この巨大な竜、年を経た蛇、悪魔とかサタンとか呼ばれるもの、全人類を惑わす者は、投げ落とされた。地上に投げ落とされたのである。その使いたちも、もろともに投げ落とされた」というものだ。

「ミカエル」という名は「神のようなものは誰か」というヘブライ語に由来する。神の地位に就こうと傲慢にふるまう悪魔を征伐するわけだ。しかし、それでは善が悪を武力で滅ぼすという二元論になってしまう。だから、実は「愛の力」で制圧したのだと説明されるものの、現実には、甲冑をつけたミカエルが悪魔に槍を突き立てている像が繰り返し描かれ続けてきた。

一九世紀末に脱魂状態でサタンの声を聞いたレオ一三世が、悪魔の誘惑から身を守るためにつくった「聖ミカエルの悪魔祓い」の祈りは、第二バチカン公会議まではミサの後に唱えられていた。聖職者による小児性虐待のスキャンダルが広がった二〇一八年には、フランシスコ教皇が再びその祈りを捧げた。またアメリカを中心に、レオ一三世の祈りの復活を求めている聖職者もいる。意思や理屈ではどうにも抵抗できない「誘惑」がなくならない限り聖ミカエルは召喚され続けるのだ。

さて、地に下りたサタンがイエスに敗れたのは、洗礼者ヨハネからヨルダン川で洗礼を受けたイエスが、聖霊によって荒野に導かれて四〇日の断食という試練を受けていた期間の出来事だ（ルカによる福音書4章1〜14節）。布教活動に入る前のイニシエーション、一種の「浄めの期間」である。

悪魔は三つの誘惑をした。いずれもイエスが神の子なら奇跡を起こせるだろうという挑発である。一つ目は生理的な必要で、空腹なら「石をパンに変えるように」と誘惑したが、有名な「人はパンだけで生きるものではない」という答えによって退けられた。

二つ目の誘惑は、イエスが悪魔を拝むならば眼下の国々の一切の権力と繁栄とを与えるというものだったが、イエスはこれにも「あなたの神である主を拝み、ただ主に仕えよ」という旧約聖書の言葉で答えて退けた。

三つ目は、イエスをエルサレムに連れて行き、神殿の屋根の端に立たせて「神の子なら、ここから飛び降りたらどうだ」というものだった。神の子なら天使たちに守られているから怪我することはあるまいというわけだ。これにもイエスは「『あなたの神である主を試してはならない』と言われている」と答えて挑発にはのらなかった。悪魔は誘惑をあきらめ、イエスは聖霊に満たされて布教生活に出発した。

キリスト教の初期にも、砂漠の隠修士という人々がたくさん現れた。修道会の創始者といわれている聖アントニウス（二五一頃〜三五六）は、「聖アントニウスの誘惑」のイメージでよく知られている。ナイル河畔の砂漠で、怪物や美女の姿で誘惑してくる欲望の悪魔とアントニウスが戦う図像がルネサンス以来多く描かれてきた。

キリスト教は禁欲的なストア派の影響が大きかったヘレニズム世界に根を下ろしたので、性的な欲望は特に「悪魔の誘惑」と形容され、民衆の意識の中で擬人化され、神学者トマス・アクィナス以来、性的な誘惑に特化した男女の夢魔《むま》インキュバス、サキュバスというキャラクターも生まれた。

悪魔をめぐる妄想はとどまるところを知らず、サタンとデビルの区別も曖昧となり、堕天使ルシフェールを戴く手下である悪魔軍団も登場した。前述したように、キリスト教の使徒信条の中には、擬人化された「悪魔」は直接出てこない。「「悪」への誘惑に陥らせないでください」という神への祈りがあるだけだ。だからこそ、人々の想像力は自由に広がった。擬人化された悪魔については、人間との性的関係にいたるまで具体的な考察がなされるようになったのだ。角、翼、蹄《ひずめ》、尻尾を備えたイコンも定着した。けれども、そのような悪魔は、長い間、「悪霊」とは別物だった。

異教の中で自然物に宿る「精霊」は、様々な「術」によって人間に召喚された。キリスト教はそれを、神や聖人への祈りによって召喚する「聖霊」へと置き換えたわけだが、精霊の中には心身の病を引き起こすものもある。それが悪霊で、キリスト教にとっては、悪霊とは「悪魔」によって操られる「霊」というスタンスとなった。

イエスは布教中に何度も、「悪霊に憑かれた」人々から悪霊を追い出して治癒させている。その多くは癲癇《てんかん》や統合失調症の幻覚や、多重人格などの精神疾患であった可能性は大きいが、ともかく、「悪魔憑き」は被害者であって、その人自身は悪魔でもないし、悪魔による術を使う魔術師、魔法使いでもない。だから、悪魔憑きは罪でもなく、異端でもなかった。

†魔女ではなかったジャンヌ・ダルク

一方で、危害を加える術を使う魔術師や魔法使いも、社会や宗教秩序に直接の脅威を与えない限り、徹底的に断罪されたわけではなかった。大きな飢饉や災害がない限り、民間の「魔術師」の多くは、隣人間のもめ事に介入する程度の存在だったし、秩序を揺るがすリスクの少ない女性がほとんどだった。飢饉や疫病、災害があっても、それを引き起こした悪魔や魔女を探して罰するよりも、効験あらたかな聖人や聖女に祈り、供え物をしたりする方が宗教秩序的には有効で実利があったからだ。

そういう状態を一変させたのが、一六世紀に起こった宗教改革と宗教戦争だった。わかりやすい例として、宗教改革前の時代に起こった「ジャンヌ・ダルク裁判」を挙げてみよう。男装で馬を駆り、英仏百年戦争の末期にイギリス軍に包囲された町オルレアンを「解放」し、亡命状態だった王太子《おうたいし》をランスの大聖堂に連れて行って、シャルル七世として即位させたジャンヌ・ダルクは、カトリック教会の公式の聖女であり聖母マリアと並ぶフランスの守護聖女でもある。

彼女は大天使ミカエル、聖女マルグリット、聖女カタリナの三人から、「フランスからイギリス軍を追い出せ、王太子を即位させよ」という「お告げ」を聞いて、あらゆる困難を排して王太子に謁見《えっけん》し、兵を率いらせてくれるように頼んだ。

まだ一〇代半ばの少女だ。王太子は彼女の願いを聞き入れた。イギリス軍とブルゴーニュ公の同盟に囲まれて万策尽きていた王太子には、失うものは何もなかったからでもあるし、「おとめがフランスを救う」という噂が当時流布していたからでもある。アンティオキアのマルグリットも、アレキサンドリアのカタリナも、四世紀にキリスト教に帰依して結婚を拒んで殺された処女殉教者で、その生涯の史的な裏付けはないが、中世ヨーロッパでは人気のある聖女だった。

それでも、ジャンヌ・ダルクを軍装させる前に、王太子は彼女をまず、ポワティエの高等法院に送って、そこで神学者たちによって彼女が「魔女」ではないことを確認させた。処女であるならば、悪魔と交わっていない証拠だし、ジャンヌの信仰の篤さも認定された。

告解《こっかい》もし、聖餐も毎日のように受けた。「天からの声」を聞いたと主張するおとめが「魔女」でなければ「聖女」である可能性はある。悪魔に選ばれたのではなく、神から使命を与えられたのだ。

それを公式のプロパガンダにしたことは、英仏の兵士の士気に大きな影響を与えた。宗教改革よりも一世紀以上前のヨーロッパでは、イギリスの神もフランスの神も、同一の「キリスト教の神」である。ジャンヌは「神の使命を帯びたおとめ」としてオルレアンのイギリス軍に宛てて堂々と降伏を勧告した。

実際の戦場でも、果敢に駆け回るジャンヌの姿は戦況を一変させた。ジャンヌは歓喜と共にオルレアンの市民に迎えられ、六〇〇年近く経った今でも、オルレアンでは毎年ジャンヌ・ダルクを記念する祭りが全市と教会を挙げて行われている。

敵地を横切りながらランスの大聖堂に向かった時も、ブルゴーニュ側についていた町が抵抗せずに次々と王太子の一行を通した。軍装のままのジャンヌ・ダルクが戴冠式に出たことは、シャルル七世即位の正統性を担保することになった。ジャンヌの潔癖さと信仰は、軍の風紀さえ正し、兵たちは真剣にミサにあずかるようになった。

そのジャンヌがオルレアンの勝利からわずか二年後に、イギリス軍の占領地ノルマンディのルーアンで異端審問にかけられて、異端者として一九歳で火刑に処せられるとは誰が想像しただろう。神学の中心地であるパリは、当時イギリス＝フランス王を名乗るヘンリー六世の摂政と姻戚関係にあるブルゴーニュ公の支配下にあった。ジャンヌ・ダルクが捕らえられたのはブルゴーニュ派との戦闘中だったが、イギリス軍が身代金を払って彼女の身柄を引き取った。

武装もしていない若い娘一人くらい暗殺するのは簡単だったろう。けれども「天の声を聴く」という娘を殺害すれば「殉教処女」を作ってしまう。悪くすれば「神罰」を受けるリスクもある。「神」の名を掲げて戦う「敵」を抹殺するには、その「信仰」が誤っていることを正式に証明する必要があった。

そこでパリ大学の大審問官が、異端審問官を派遣し、ブルゴーニュ派の担当司教、イギリス王が任命したルーアンの教会参事員らによる長くて苦しい異端審問が始まった。ジャンヌが聖女ではなく魔女であると認定することができれば、シャルル七世の正統性を崩すこともできるし、イギリス軍の士気を高めることもできる。

審問は当然威圧的だった。ところがジャンヌはすべての質問に素朴に敬虔に答えた。彼女の見たもの、聴いた声が偽物であるとか、悪魔から来たものだと証明するものは何もなかった。それどころか、彼女の神秘体験の描写があまりにも淡々としてリアルなものだったので、審問官たちが興味を示したほどだった。

結局、ジャンヌの異端の根拠にできるものは男装と宣誓の拒絶だけだった。それだけでは死刑を宣告できない。なぜなら、カトリックには「改悛」のシステムがあるからだ。牢獄で体調を崩し、拷問すると脅かされたジャンヌは、心ならずも異端を認めて改悛するという書類に署名した。実はそれが罠だった。自由の身になるのでなく一生牢獄につながれることを知り、女装による身の危険も感じたジャンヌは、再び男の服を身に着け、今度こそは火刑に相当する「戻り異端」の罪を問われたのだ。

†シェイクスピア『ヘンリー六世』のジャンヌ・ダルク

ジャンヌ・ダルクはイギリス軍から魔女だと恐れられていたが、魔女でなく「神の使い」ならば、さらに恐るべき存在である。実際のジャンヌの姿を見て、彼女の受け答えを聞いた男たちは、その信仰の強さを前にしておののいた。火刑台に引き出される前に告解を求め、聖餐を求め、秘跡《ひせき》を求め、火刑台では十字架を求め、イエスの名を叫んで死んでいった彼女の姿を見て、イギリス兵でさえおののき「聖女を焼いた」とつぶやいた。

そう、ジャンヌ・ダルクの裁判は、いわゆる「魔女裁判」ではなかった。ところが、宗教改革後にはすべてが変わった。シェイクスピアの戯曲『ヘンリー六世』で描かれるジャンヌ・ダルクを見れば、そのことがよくわかる。

『ヘンリー六世』第一部（五幕一場）には、ジャンヌ・ダルクが悪魔と語るシーンがある。そこでは「悪魔＝精霊」だった。確かに、ジャンヌの故郷のドンレミー村にある「妖精の木」と呼ばれる大きな古いブナの木は、異端審問でも問題にされていた。村人たちは春の訪れを感謝するために木の周りに集まり、近くの「奇跡の泉」で水を汲んでいた。地元の人々の間では、天使も聖人も妖精も習合していたようだが、ジャンヌ自身ははっきりと、自分は妖精を見たこともないし、聖人からの声を聴いたのはその木の傍でもないと答えている。

『ヘンリー六世』には、呪文や護符や未来のことを符号で知らせてくれる精霊の助けを、ジャンヌが求めている場面が出てくる。それに応えて数匹の悪魔が現れる。ジャンヌはそれを見て、悪魔たちが「いつもの通り」自分のために働いてくれるのだと安心したのに、悪魔たちは答えない。血を吸わせているが手の一本くらいは切ってもいい、体をあげてもいいと持ちかけても悪魔は頭を振る。ついには、イギリス人に負けるくらいなら体だけでなく魂を取ってもいい、とまで言ったのに、悪魔たちは去ってしまう。つまり、ジャンヌは悪魔たちから見捨てられたというわけだ。護符や呪文を使って悪魔を召喚し、それを味方につけていたジャンヌは、王太子とも性的関係があったとされている。それも悪魔の誘惑の業だということだろう。

もちろんフランスの救国の聖女ジャンヌ・ダルクが、敵国イギリスにおいては魔女と見なされることは理解できる。形式の整ったカトリックの異端審問で、「戻り異端」として焼かれたジャンヌ・ダルクだったが、百年戦争が終結してイギリス軍がフランスから去った後、名実ともにフランス国王となったシャルル七世によって復権裁判が行われ、一四五六年に「殉教者」と認定された。シャルル七世には自分の戴冠に功績のあった「オルレアンの少女」の名誉を回復する必要があったからだ（ジャンヌ・ダルクが列聖《れっせい》されて、フランスの守護聖女となるのは一九二〇年のことだ）。けれども、シェイクスピアの芝居に「異端」という言葉すら出てこないとは、一体どういうことだろう。

†宗教戦争

ジャンヌ・ダルクを火刑台に送った異端審問が開かれた一四三一年と、シェイクスピアが『ヘンリー六世』を書いた一五九〇年頃の間には、ヨーロッパの歴史にとって決定的な変化が起こった。プロテスタントの登場による宗教改革と宗教戦争、そしてカトリックによる対抗宗教改革である。

ドイツのルターによる「九五カ条の論題」が一五一七年に出て、続いてスイスにツウィングリやカルヴァンが登場する。一五三四年にはヘンリー八世が、ローマ教会から離れてイギリス国教会を創設した。ヘンリー八世はカトリックの立場からそれに異を唱えた大法官トマス・モアを処刑し、国内のカトリック教会の財産を没収した。一五五〇年代にはエドワード六世が、さらに原理主義的なプロテスタントの宗教改革に歩み寄ったが、その反動でカトリックのメアリー一世によるプロテスタントの弾圧が始まるなど、激動が続いた。イギリス国教会の優位が最終的に確定したのは、メアリーの異母妹で一五五八年に即位したエリザベス一世（一五三三～一六〇三）の時代だった。

これらの抗争は主として政治的、経済的な覇権争いだったので、さらに宗教的な改革を進めようとしたピューリタンたちは、新世界を求めて植民者としてアメリカ大陸に渡ることになる。ヨーロッパ大陸でも、宗教戦争は激しさを増した。カトリック圏のフランスでは、新旧両派によるユグノー戦争の後で、一五八九年に即位してブルボン朝を開始したアンリ四世がカトリックに改宗し、一五九八年に信教の自由を認めるナントの勅令を出してユグノー戦争を終結させた。

他にカトリック国として残ったのは、ローマ教会のおひざ元であるイタリアの都市国家、一四九二年にカトリック王がイスラムからイベリア半島の再征服（レコンキスタ）を終えたばかりの、スペインとポルトガルだった。

ドイツは神聖ローマ帝国を継承する選挙侯のいる領邦国家である。スウェーデン、オランダ、デンマーク、ノルウェーなども巻き込んだ三十年戦争は、一六四八年のヴェストファーレン条約によって、各大公国の領主が選んだ宗派ごとの棲み分けに落ち着くまで終結しなかった。神聖ローマ帝国を代表するハプスブルク家は、オーストリア、スペイン、オランダなどに版図を拡げ、一六六一年に親政を開始するルイ一四世と覇権を争うことになる。

このように、宗教改革や宗教戦争は、すぐれて政治的なものだ。そして、それに巻き込まれた民衆のレベルでは、特に農村部においては、昔から変わらぬ伝統的で実用的な「信心」の「教え」と「術」が続いていた。その「ずれ」が、魔術師と魔女を本当の意味で「誕生」させた。それこそが、一五世紀前半には「戻り異端」とそこから復権した殉教者でしかなかったジャンヌ・ダルクが、エリザベス朝のシェイクスピアによって「悪魔」と取引する魔女として描かれた理由だったのだ。

†魔女狩りの誕生

私たちは、「魔女狩り」という言葉から、得てして蒙昧な、暗黒のヨーロッパ中世における集団ヒステリー現象を連想してしまう。『魔女への鉄槌《てっつい》』などという恐ろしい魔女裁判の手引きのタイトルを耳にすることもあるだろう。近現代のいわゆる「オカルト」趣味の中でそれらが繰り返し想起され続けたからだ。
「聖女」については、カトリック教会によって何度もその判定システムが明文化されてきたので異同が少ないが、前述したように、「悪魔」「魔術」「魔女」は信仰の境界領域にあったため、いったい何をそのように呼んだのか、その判定の実情を見極めることは難しい。「魔女狩り」と呼ばれる密告、拷問を伴う大量の処刑者を出す事件が各地で起こったのは事実だ。けれども、そのほとんどは、「中世のカトリック世界」ではなく、宗教改革以降の近世ヨーロッパで起こったもので、プロテスタント世界での方が、むしろ犠牲者の数が多かった。

イギリスと北欧では数万人の魔女が処刑された。カトリック世界の異端は曲がりなりにも一定の手続き（拷問による自白は合法とされていた）を経て、公判記録も残される「法廷」によって裁かれた上に、ジャンヌ・ダルクのように「改悛」すれば「戻り異端」以外は死刑にはされなかったり、復権や列聖もされ得るようないろいろな「手段」があった。それに対してカトリックの聖人システムや、それが担保していた民間の「術」の野放しを批判することから出発したプロテスタントは、より厳しく「異教」の名残を「一掃」しようとして魔女をあぶり出した。

神の国を造ろうとしてピューリタンたちが移住したアメリカ大陸でも、映画にもなった一六九〇年代のセイラム魔女裁判が有名だが、痙攣《けいれん》、発作などの症状があったものを含めて多くの女性が告発されて、自供もないのに処刑された背景には、ピューリタン的な粛清《しゅくせい》意識があったのだ。

カトリック国での「魔女裁判」が行なわれたのも、プロテスタント側の批判に応えて、カトリック教会が「トリエント公会議」（一五四五〜六三）で近代化を図った結果でもあった。当時の教会が堕落していることには、半世紀も前から内部で警鐘が鳴らされていたにもかかわらず、そのことへの危機感が本気で共有されるには、ルターに始まるプロテスタントの離反というショックが必要だった。

カトリックはあわててトリエント公会議を招集して、二〇年近くにわたり教会法を整え、様々な刷新を推し進めた。カテキズム書、聖務日課、ミサ典書、聖書の改訂の他に、特に農村部で異教的な「術」を野放しにしている無学な司祭たちに代わる司祭の養成が、一元化された（それらはすべて、二〇世紀の第二バチカン公会議までカトリックのスタンダードとなった）。

また一五六六年には、農家出身のドミニコ会士ピウス五世が、ローマの風紀改革に乗り出した。ピウス五世はポーランドをプロテスタントに奪われないために、カトリック国の結束を強化しようと、オスマン帝国を共通の敵とした。一五七一年、スペイン、ヴェネツィアと結成した「神聖同盟」の連合艦隊が、歴史に残る「レパントの海戦」でオスマン帝国海軍を破り、プロテスタントの広がりを食い止めた。オスマン帝国だけでなく「魔女狩り」も、カトリック教会やカトリック国の王たちは、プロテスタントを排除する道具として使った。カトリックにとってプロテスタントはそのまま異端であり、悪魔の手先であるから、プロテスタント圏に残る「術」の宗教が、魔女裁判のハードルを大きく下げたと言える。

†「魔女」の条件

ここで一六世紀から一七世紀にかけての、カトリック世界での魔女の定義の変遷を見てみよう。魔術というものが、カトリックが典礼に組み込んできた異教の「術」に該当しない、いわば「負」の術として存続していたことはすでに述べた。一方、プロテスタントは、カトリックが教義化していた聖なる「術」そのものの「異教性」を糾弾した。聖人や聖遺物の崇敬を排するのはもちろん、ワインや聖体パンが儀式によってイエスの血と肉に「化体」するなど教義の核心すらも否定した。カトリックもプロテスタントを破門したし、互いに互いを「異端」だと弾劾し合った。

そんな中で、「魔女」の概念も、「公共の秩序を乱す犯罪という法」と「精神疾患という医学」と「宗教的な悪魔憑き」という三つのカテゴリーの間で揺れていた。

カトリックでは「悪魔憑き」と魔女は別物とされ、「悪魔祓い」の手続きにも長い伝統がある。プロテスタントが席巻した地方でも、伝統的な「悪魔憑き」の症状はあったが、カトリック司祭による悪魔祓いのパフォーマンスによって「正気に戻る」悪魔憑きの姿を見て、プロテスタントからカトリックに改宗する人も出てきた。悪魔祓いはイエスの時代と同じく、わかりやすいプロパガンダとして有効だったのだ。

では、「魔女裁判」はどういう位置づけだったのだろうか。

宗教改革以前、一五世紀の終わりには、女性を性的な「誘惑者」とする差別観に立つ『魔女への鉄槌』が、異端審問で有名なドミニコ会から出されていたものの、それが正式な魔女裁判の手引きとして採用されていたわけではなかった。ルネサンス時代には、「魔術の罪」は「異端の罪」のようには正式に定義されてはいなかったし、言及はされても適用されてはいなかった。そのことはスペイン・ハプスブルグ家の支配下にあったオランダの王立法廷の記録からうかがえる。

「異端」は教義上、典礼上の過《あやま》ちを構成するものだが、その一方で「魔術」「魔術師」は、反社会的罪、当時の社会的価値観からの逸脱、迷信を構成するという見方がされていた。

そのため、魔女を社会的反抗者、被抑圧者と見なす意見もあった。ペスト、梅毒《ばいどく》による死やそれを招くサタンへの恐怖が、民衆の集合意識の中にあったことが、その出発点である。一三、一四世紀には、アレクサンデル四世、ヨハネ二二世による「魔術糾弾」のテキストが出されたが、農村部では、特に反キリスト教的ではない多くの迷信的療法や実践体系が、聖職者からもお目こぼしされていたことは先に述べたとおりだ。「魔女」の存在にとっては、「魔女によって引き起こされた不幸、害」があるかどうかだけが基準だった。一三七六年にニコラ・エイメリックの著した『ディレクトルム』という異端審問の手引書には、「魔術」の項目がある。そこで魔術は異端の一種とされたわけだが、それは信仰に反するすべてのものは異端であり、聖書は魔術を禁じているからという理由からだった。

魔術に関する異端判定の審問の仕方は、もっぱらサタンを礼拝しているかどうかの一点にかかっている。サタンを礼拝している者は、魔術師や霊媒としてではなく異端として裁かれるのだ。「死者の霊を呼ぶ口寄せや悪魔を呼び出す者」についての言及はあるが、魔術による害に関する長いリストの中には、今でも私たちがすぐ思い浮かべるような「悪魔との契約」や、悪魔との宴である「サバト」は載っていない。それらが現れたのは、実害が発生しないうちに「治安取り締まり」をするという時代になってからだ。「悪」を事前に取り締まる口実のためには、魔術による「陰謀」があるという証拠が必要となる。それを可能にするものが、悪魔との契約やサバトという概念だった。前述したように、サタンや悪霊は、本来はキリスト教の信仰によってすでに制御されているはずのものだ。「憑く」だけでは「祓われて」しまう。悪魔たちの陰謀が有効になるためには、魔術師、魔女らが悪魔と出会って共犯者になる必要がある。

†背教と異端の間

「悪魔との契約」という概念は、一五世紀の後半にフランス、スイスから全ヨーロッパに広がった。ドイツ人ドミニコ会士ヨハネス・ニーダーによって一四三五年から一四三七年にかけて書かれた『フォルミカリウス』は、様々な神秘現象について論じたものだが、その第五巻は「魔女」についてのものだ。

ここで初めて、魔術師たちが悪魔を召喚して忠誠を誓うために十字架を冒瀆《ぼうとく》したり、洗礼を受けていない子どもを殺したりするなどの「実例」が出てくる。変身や空を飛ぶことを可能にする軟膏の製造などについても具体的に書かれている。

そもそも、二世紀のアプレイウスの『黄金の驢馬《ろば》』でも伝えられているように、ローマ帝国の時代には、様々な「異教」の「術」による変身譚が広く知られていた。キリスト教によってそれらが排除された後も、その「伝統」は、農村部の「魔術」だけでなく、ユダヤ人のような「異教徒」や「背教徒《はいきょうと》」が、キリスト教を冒瀆するために密かに集まってなす様々な悪事の描写の中で温存されてきた。すでに一四世紀半ばにアルプス周辺で、ハンセン病患者、ユダヤ人、ジプシー、魔女の迫害などがあったという。

魔術は、社会不安に際してのスケープゴートとなるマイノリティの「罪」を構成していたのだ。それが、ルネサンス期における「聖職者」の「堕落」への批判と共に、キリスト教社会内部に巣くう「邪教」「結社」の存在に投影され、告発されることになった。反社会的陰謀を図る集団が、「病人、異教徒」から「魔術師、魔女」へと広がり、聖職者の特権的な守備範囲である「超自然」を侵害する輩への敵視が強まった。『フォルミカリウス』の登場と軌を一にして、一四三八年にスイスのシオンで行われた裁判記録に、初めてサバトの概念が登場する。一四四〇年、エウゲニウス四世は、教会大分裂（一三七八〜一四一七）時代以降、ローザンヌで擁立された最後の対立教皇フェリクス五世に対して、ラテン語で「魔術師」と「異端者」を同じ意味で使って非難した（フェリクス五世は後にローマ教皇に従い、ローザンヌとジュネーヴの司教に任命されている）。

また、イノケンティウス八世は一四八四年の回勅《かいちょく》で、魔術をあらためて定義し直した。魔術や異端を広めるのがサタンであり、サタンは魔術師らと、創造主を貶め被造物を破滅させる協定を結ぶ。他の異端にはそれがないというものだ。一四五一年には、箒《ほうき》にまたがって空飛ぶ魔女の図像が初めて登場し、一四七七年にはサタンが人に空を飛ばせてサバトをオーガナイズする「カルト教団」を告発する文書が現れた。魔女たちは悪魔を讃え、キリストを汚辱し、十字架を冒瀆し、洗礼前の子どもを悪魔に捧げ、悪魔と交合するとされていた。

このような時代背景の中で、プロテスタントによるカトリック教会への抗議と乖離とが一六世紀初頭に始まった。当然、カトリック教会による異端取り締まりと同時に、「魔術」への取り締まりも強化された。そのことが、カトリックとプロテスタント双方の陣営での「魔女狩り」を生むきっかけになった。

といっても、「異端」なら本来「改悛可能」である。ドイツの異端審問官シュプレンガーなどは、「魔女」を確実に処刑するために、魔術を法的にも教会法的にも「異端とは認めない」とした。つまり魔術は、異端よりも悪い「背教」であり、悪魔に体も魂も捧げたのだから、改悛すれば終身刑ですむ異端と違って、死刑に値する。したがって、それは「異端審問」の対象ではなく、司教の監督のもと、「世俗法廷」で裁かれるべきだというわけだ。さらに一五二一年には、レオ一〇世が、罪の種類によって背教か魔術か識別せよと言っている。

宗教改革のせいで魔女裁判が過激になった一五五〇年から一五七〇年頃には、その他にも大きな転換があった。農村部における民衆のキリスト教にはまだ異教の名残があったが、中央集権化し始めた高位聖職者たちからは、それらが迷信であり、魔術だと見なされるようになった。魔女を焼き殺し、民衆の迷信を排することが、プロテスタントによる宗教改革と、カトリックによる対抗宗教改革に共通する粛清となったわけだ。

両陣営が互いを異端として破門して、一応の棲み分けが進みだした頃、互いの勢力範囲で「改革」の一環としての魔女狩りが始まった。一五六五年のフランドルの法廷記録には、魔女裁判が登場し、トリエント公会議の後の一五八五年には、新しい異端審問として「魔術審問」が導入されて、悪魔を礼拝するような異端行為をする者を異端と見なすことが明文化された。法学者ジャン・ボダンは、一五八〇年に魔術師の悪魔礼拝についての著書を世に出した。これらは「魔女裁判」を暴走させないためのものであったにもかかわらず、現場では、中世にカタリ派異端審問で使われた強引な手段が使われ続けるのが実態であった。

†政治と魔女狩り

一六三〇年代から、農村部における迷信排斥がさらに激しくなったが、それは主として政治的な理由からだった。カトリックかプロテスタントかを選んだ領主たちが、支配の安定のためだけに、領民のモラルや生き方の規範化を目指したからでもあり、どちらの陣営も、聖書の本源に戻って懐疑や不信仰や迷信を根絶すべきだと考えるようになったからでもある。そして、魔術は「異教」ではなく、神への冒瀆であるということで、異端を形成する「反宗教」「反体制」だと見なされるようになる。

近代化の萌芽とともに都市部と農村部の格差が広がり、都市部が規範を押しつけ、刑法の中央集権化、一元化が始まった。一六世紀以降にはすでに、魔女裁判も異端裁判も宗教組織を離れて世俗法廷が担当するようになり、「理想の都市」を法律家が構想するようにもなった。そのためには、世俗社会に善悪二元論的なヴィジョンを適用することこそが、神から与えられた使命だと、王や大公が考えるようになる。そして教会による宗教裁判の独占を廃止し、悪との戦いの激しさこそが為政者の権威を高めるとして、不服従を徹底的に弾圧することにつながったのだ。

とはいえ、サタンの組織に魔女が属しているという理論の「悪魔学」を定義できるのは教会だけなので、世俗の法官は魔術を世俗の罪とは認められず、宗教上の最も重い罪であると認定するしかない時期が続いた。

すでにカトリックによる対抗改革が始まっていた一六世紀半ばのオランダでは、王が魔女狩りを立法化する。ハプスブルクのスペイン王でもあるカルル五世は、すべてのプロテスタント信徒、あるいは新教義を拡散する者に冒瀆罪を適用して火刑に相当するとした。

魔術については異端審問のやり方を受け継ぎ、異教的な民間信仰だとしても他者に害を与えない場合は死罪にせず、護符を使った呪文などを信奉する場合のみ逮捕した。この法律は、実際はほとんど適用されなかったらしいが、モラルを強化するプレッシャーとしては一定の効果をもたらした。

続くフェリペ二世は、魔女がプロテスタントに由来すると言明した（オランダ北部がハプスブルクから独立したのは宗教戦争後の一六四八年）。魔女狩り立法も一五九二年に改定され、魔術は神と王の双方への冒瀆罪という扱いになる。その告発には密告も有効で、自白を引き出す拷問も許されることとなり、実際に密告が多発した。

問題は、司法権が主に下級民事裁判所、つまり管轄圏に委ねられたことだ。複数のしかるべき法官がいる上級裁判所を通さずに、地方の下級裁判所がすぐに火刑を決めるケースが多かったため、ルクセンブルクでは地元裁判所が刑を執行することに制限を課したという記録が残っている。メヘレンでは、一五九二年から一六四三年の間に、民事審問官と法官によって二六件の訴追が行われた。とはいえ火刑は意外と少なく、リール、アルトワの北フランスで一五〇件以下、ナミュールで三六六件、ルクセンブルクで五四七件となっている。平均して告発された者の五〇％が実刑を受け、そのうち女性が七〇〜九〇％を占めた。

また、王による立法とは別の教会法も変わっていった。トリエント公会議の内容を魔女裁判に適用するための教会会議が、現ベルギーのメヘレンで一五七〇年に開かれ、「迷信」とは、神や教会や聖人の名を出さずに、合理的な手段なしに何かを得ることを願うことであると定義された。一六〇四年、現ベルギーのナミュール教区会議はそのような迷信的手段を使った者の「破門」を勧告した。明らかに、王による立法措置よりも緩い。悪魔との協定の魔術や悪魔教そのものを「異端」とせず、「迷信的典礼」のみを断罪している。このような措置は全体として、それまで野放しだった地方の信心行為を牽制するのが目的だったと思われる。

皮肉なことに、カトリック圏での「魔女狩り」は、王権の届かない新興征服地で多かった。絶対王権に抵抗するために魔術が増えたのではなく、そのような地域では、民衆が神と王への服従と忠誠をアピールするために、内部から多くの犠牲者を選んで差し出したというわけだ。そのような魔女狩りは一五八〇年から一六三〇年がピークとなった。

†魔女狩りへの批判

悪魔理論は、合理主義が広がった一七世紀のパリ法廷において、最終的に退けられることになった。とはいえ、それまでにも科学的な見地から魔術を否定していた文献がなかったわけではない。すでに、一六世紀ドイツのプロテスタントの医師ヨーハン・ヴァイヤー(ヨハネス・ヴィール)が呪文で人を病気にするのは不可能だと述べていた。

フランスで医学を学んだヴァイヤーは、カルル五世下のオランダでの魔女裁判で、魔術の効力を否定したために職を失い、ドイツのヴェストファーレンに移った。悪魔の存在そのものは否定しなかったが、王と教会の両方に対して「魔女狩り」を批判し、法規の制限を求め、特に「魔女」たちが精神を病んでいる可能性を示唆した。そのヴァイヤーの著作をもとに、一七世紀のパリの法廷では、三人のイエズス会士たちが「サバト」も幻覚だと主張した。魔女だと認定する証拠は不十分で、拷問による自白にも反対した。

さらに一六三七年には、ウルバヌス八世が「魔女」の存在を否定しないまま、確実でないものを罰しないようにと勧告した。ルクセンブルクでは一六八二年にルイ一四世が、フランドルの刑法から魔女、魔術師の言葉を削除する勅令を出す。魔術だと称する儀式のうち、不信仰と涜聖《とくせい》が加わったものだけが死罪の対象になった。魔術と魔女と秘密結社の陰謀論とは、中世からの「迷信」が、宗教改革と絶対王政と司法の体系化が確立する過程に現れて消えていった現象だったのだ。

†マルト・ブロシエの場合

その過渡期を最もよく表している事件が、一六世紀末に起こった「マルト・ブロシエ事件」と一七世紀の「ルーダンの悪魔憑き」だろう。一五九八年に、フランスのロマンタンの商人ジャック・ブロシエは、四人の未婚の娘たちのうちのマルトが「悪魔憑き」だと言って、司祭と医師の勧めで各地の教会で悪魔祓いを願う旅に出た。しかし、悪魔は出て行かないまま、翌年三月にパリに着いた。悪魔憑きの派手なパフォーマンスが行く先々で評判になっていたので、司教はマルトを検査するために、医師団と神学者たちを修道院に集めることにした。

その頃のパリの知識人はすでに「魔術」については懐疑的だったが、イエスの時代からあった「悪魔憑き」そのものを否定する者はいなかった。呪文によって人の体に悪魔を憑かせた者を破門したという記録は、五〇以上の教会会議に残っている。そのすべてを非合理的だと否定して民衆を啓蒙することは、教会のそれまでの歴史を否定することにもなりかねない。悪魔憑きに対する民衆の思い入れにも、ある程度迎合するしかなかった。

特にユグノー戦争中は、カトリックに改宗したばかりの元ユグノー側の諸侯たちが、サン・バルテルミーのユグノー虐殺にも関わったアンリ四世が呪術を使っているという噂をたてていた。おりしもマルトがパリに着いて間もなく、王の愛妾《あいしょう》であったガブリエル・エストレが突然死するという事件があった。アンリ四世に最後まで抵抗していたカトリック同盟の諸侯たちは、カトリックの洗礼を受けたばかりのアンリ四世を信用しておらず、愛妾の死は悪魔の仕業だと言いたてていた。

そのような状況下で「悪魔憑き」のマルト・ブロシエを放置すれば、詐欺師たちが彼女をローマに連れて行って、王を告発するために政治利用する恐れもあった。だからマルトを放置することはできない。悪魔と契約を交わした魔女という処罰の対象ではなく、悪魔祓いと霊的治療の対象にすべきだった。

医師団や悪魔祓い師たちの前で、マルトは飛び上がったり叫んだり痙攣したりした。狂騒状態にあるマルトは体に針が刺し込まれても反応せず、全身が「無痛点」だとされた。そのことは魔女裁判では判定の根拠になるもので、その時点では少なくとも「詐病や仮病ではない」という判定に役立った。とりあえず「悪魔憑き」が疑われた。けれども、聖職者ではない医師がマルトの頭を強く押さえると「悪魔が出ていった」ので、パリの裁判所は司法代官にマルトを引き渡す命令を出し、見世物をやめるように指示した。

聖職者たちは、「悪魔憑き」は司法の手にゆだねられるべきではないと抗議し、悪魔憑きを信じない者はユグノーだという声も上がった。結局マルトは発作が鎮まった後で故郷に帰るよう保護観察処分を申し渡される。ところが「悪魔憑き」擁護派がマルトを拉致し、彼女をローマ教皇のもとに送りこんだ。けれどももう時代は「悪魔憑き」を必要としていなかった。マルトはローマの女子修道院に入れられて生涯を終えた。

教会は福音書のイエスが何度も祓った「悪魔憑き」を否定するわけではなかったが、「悪魔憑き」と称するものには、ペテンもあればメランコリー気質との類似もあるので、本当の悪魔憑きは一〇件のうち一件あるかないかというところだと述べ、多数の無知な民衆の前での悪魔祓いは、かえって聖職者の評判を下げると警告している。教会という「聖」の権威が、司法という「俗」の権威とせめぎ合う中で、「犠牲者」としての「悪魔憑き」の原点に戻ったかたちだ。これは、共同体の規範に合わない「悪魔憑き」が「魔女」として制裁され続けた中世の終焉であり、改革カトリックの始まりでもあった。

†ルーダンの悪魔憑き

この意識の転換を最も象徴的に表しているのが、マルト・ブロシエ事件から三〇年を経た一六三〇年代に起きた「ルーダンの悪魔憑き」事件だ。女子修道院の中で集団の悪魔憑き現象が起こり、見世物のような公開悪魔祓いの過激さがフランス中を巻き込む騒ぎになった。後に「集団ヒステリー」として記録され、小説や映画にもなったほどだ。ウルスラ会女子修道院長であるジャンヌ・デ・ザンジュ（天使のジャンヌ）は名門の出身で、ルイ一三世の宰相であるリシュリュー枢機卿の親戚であり、当時のボルドー大司教の従妹でもあったから、政治的要素ももちろん大きかった。ルーダンという町が当時カトリックとプロテスタントが半々ぐらいだったという情況も看過できない。

ところが、この事件の犠牲者は修道女たちではなく、彼女らから「悪魔」だと名指された一人の神父だった。神学者として高名で信徒たちからの人気も高かったルーダンのグランディエ神父は、ジャンヌ・デ・ザンジュから修道院の指導司祭となるように要請されたが断った。その後で指導司祭、告解師として採用されたのが、彼と政治的に敵対するミニョン神父だ。

修道女たちの間に最初の「悪魔憑き」の兆候が表れた時に「悪魔祓い」を施したのはミニョン神父で、その過程で「悪魔はグランディエだ」という告発が得られたという。ルーダンの司法はパリの裁判所に属していたが、修道女二人の親戚にあたる中央の役人が、ルーダンの市政に介入し始めた。市長派の戦力であったグランディエは「悪魔の手先」として監禁された。町のあちこちの教会で、まるで巡回興行のような派手なパフォーマンスを伴う修道女たちの集団悪魔祓いが公開されたので、グランディエへの糾弾は続けられた。

貴族出身の修道女たちが体をくねらせて卑猥《ひわい》な言葉を発するのを見た民衆は、憐憫《れんびん》の念を抱いたという。村はずれに住む女などではない修道女たちが責められることはなかった。敬虔な修道女が集まる修道院は特に悪魔に狙われやすいと見なされていて、悪魔憑きの試練は、修道女たちの魂をさらに浄化するとまで解釈された。そうした理由から、ルーダンの修道院は一種の倒錯的な「聖地」となった。騒々しく過剰で卑猥なパフォーマンスをすればする程、修道女たちは人々の罪を贖うために悪魔の攻撃に勇敢に耐えているのだとされたからだ。結局、政争に敗れたグランディエは、悪魔として広場で火刑に処せられた。

一方のジャンヌ・デ・ザンジュは、悪魔祓いショー以外の時間は堅実に執務をこなしていたし、グランディエの死後三〇年間も修道院長としての生を全うしたばかりか、有名人として多くの名士の訪問を受けていた。彼女は「(悪魔の)誘惑の棘に引き裂かれるばかりか、ひどい嵐に叩かれた美しい白百合」とまで讃えられた。本人が後に自分の演劇的志向も含めて、それらの期待に無意識に迎合しようとしていたことについての手記を残しているのが興味深い。

マルト・ブロシエに憑いた「悪魔」は、公衆の面前で、様々な不都合なことを饒舌に言いたてた。そうした悪魔の言説の中で、聖職者と悪魔祓いを通した「神学」と「政治」と「医学」がせめぎ合った時代から、「悪魔憑き」と「悪魔」が立場を自由に変えて覇権主義の道具となり、悪魔祓いがその装置となったルーダンへと、時代は確実に変わったのだ。

†聖女と魔女の黄昏

宗教と政治の関係だけではない。一七世紀末のパリ地方には宗教色を持った詐欺グループが二〇に及んで存在していたという。政争に明け暮れる貴族たちの中には、毒や麻薬の製法を知るために「魔女や魔術師」に金を出す者もいた。また、宝探しを援《たす》けるお告げもあったし、媚薬、堕胎薬、運命の予測などにも商品価値があった。

アルジャンソン侯爵は一七〇二年に「これらの魔術趣味や迷信の原理がいかに馬鹿げたものであろうと、遺憾ながら、たやすく騙される人の数は増えるばかりである。（魔術や迷信の抱かせる）恐れや期待はますます強まり、信仰や理性をしのぐばかりである」という報告書を残している。

魔術に権威を与えるために、聖別された聖体パンを横流しする司祭もいた。こうした場合は、公開で裁き「懲罰」することのメリットよりもデメリットの方が大きかったため、警察は「詐欺師」たちを裁かぬままに隔離監禁する方向へと方針転換した。当時は精神病者も犯罪者も同じ場所に収監されていた。また、ジプシーのような非定住の「占い師」が軍隊に送り込まれることもあった。火刑のリスクがなくなった時代の「悪魔憑き」の多くは、「犯罪」や「狂気」や「病気」へと振り分けられていったわけだ。

一方で、「悪魔憑き」のヒステリー症状やひきつけなどは、もともと神秘体験の脱魂症状との境界が曖昧である。そのため、「近代化」の流れの中で、悪魔ではない聖母や聖人と出会う神秘体験を語る女性たちも、「傲慢、欺瞞、ペテン、無知」などと司教から決めつけられて、監視付きで修道院に閉じ込められるようになった。

一八世紀のパリでは、ジャンセニズムの司祭の墓所で女性を中心とした信者たちが集団ヒステリーの痙攣を起こす事件があったが、それはもはや「悪魔」案件とはならなかった。心理的な葛藤が身体に転化される防衛機制はむしろ「聖性」の病気だと解されて、貧民の様々な病気や障碍が治癒される現象が相次いだ。

さらに一八世紀末には、メスメルの「動物磁気」理論がヨーロッパの都市部で人気となり、メスメルの手かざしによって「流体」が活性化されて癒されるパフォーマンスが人気を博した。新しい啓蒙の世紀に生きる人々は、次第に「聖」への信仰と「聖」の利用から離れていった。「魔女」の出番のないところには「聖女」の居場所も、ついになくなったのだ。

以降、聖女と魔女のいなくなった「荒野」には、公による縛りがない分、より多くの宗教カルトや詐欺が繁茂した。それは第二次大戦以降の日本の「宗教的空白」に起こった数多くの現象を見ても納得できることだ。魔女が消えても、悪魔憑きがいなくなっても、荒野で人を「誘惑」する悪魔だけは、確実に生き続ける。

第六章
女性リーダーの登場
——女子修道院と神の国

グアダルーペの聖母（メキシコ、グアダルーペ聖堂所蔵）

†女子修道院

この章では、女子修道院制度という枠組みを通して、多くの無名の女性たちが果たした役割を中心に見ていこう。女子修道会のリーダーとしては、すでにビンゲンのヒルデガルトやアヴィラのテレサ、マザー・テレサなどの「聖女」たちや、ルーダンのジャンヌ・デ・ザンジュのような「悪魔憑き」を見てきた。

言うまでもなく、キリスト教の歴史の中で突出した彼女らの陰には、「聖女」でもなく「魔女」でもない多くの女性たちがいた。その中には、六〇〇年以上にわたって女性リーダーが男性修道士たちの上に立ったフォントヴロー修道会、異端として殲滅《せんめつ》されたカタリ派、在俗共同体として一世を風靡したベギン会のような例がある。

女子修道院と言ってもカトリック系である限り、毎日の聖餐や秘跡《ひせき》には独身男性である司祭が必要なので、基本的には男性だけで構成可能な男子修道院とは異なる。最初期の女子修道院は、孤児や寡婦らの救済施設でもあったので、セキュリティのためにも「男」の存在が必要だった。

神に財産や身を捧げる独身の終身誓願をして共同生活をする形の修道院は、キリスト教の初期から存在したが、それに関する「規則」が作られるようになったのは六世紀のことだ。西洋初期の女子修道院である聖ヨハネ修道院は、五一二年にフランスのアルル大司教であったカエサリウスによって創設された。カエサリウス自身も、地中海のレナン修道院の出身で、マルセイユの修道院で育てられた妹のカエサリアを最初の修道院長に任命した。カエサリウスはこの修道院のために『修道女のための戒律』を著した。そこでは共同の祈りや労働である「聖務日課」の他に、聖書や教父文書などの「聖なる読書」と「研究」に一日二時間があてられていた。

男子修道院の戒律でそれ以後のモデルとなったのは、修道制度の父と呼ばれるヌルシアのベネディクトゥスが、イタリアのモンテ・カッシーノに創設した修道院のために五四〇年頃に著した『修道会則』だ。その修道院長は彼自身だった。

明文化された戒律としては、カエサリウスが妹に与えたものの方が先行している。カエサリウスの聖ヨハネ修道院は、五六七年頃にブルグンディア王国（フランク王国メロヴィング朝）のゴントラン（グントラム）の王妃が、世継ぎを残せなかった末に追われて身を寄せたことでも有名だ。

この王は何度もパートナーを替えたというのに、後に聖人となっている。六世紀の終わりから、アイルランドのコルンバヌスがガリア人に布教し、それによって、フランス、ドイツ、スイス、ミラノなどのゲルマン人がキリスト教化するのを助けた功績があったからだ。王が設立を許可したヴォージュ山脈のリュクスイユ修道院では、ケルト古教会の修道規則が著された。コルンバヌスは後に聖人とされ、やはり聖人であるトゥールのグレゴリウスがゴントランの奇跡（コレラ患者を癒した）を証言したのでゴントランも聖人の仲間に入れてもらえた。

後の托鉢《たくはつ》修道会であるフランシスコ会などもそうだが、男子修道会というものは、どんなに清貧《せいひん》の精神から出発していても、いつも最後は世俗の領主と協力し合って体制側に組み込まれていく運命にあり、そのため権力争いにも巻き込まれた。それに比べて、女子修道会は、高位聖職者の姉妹や王侯貴族の寡婦や娘たちというリーダーを持つことで、外の世界につながるルートを確保しつつも、純粋に読書や研究に集中することができた。その特殊な例が後述するフォントヴロー修道院である。

†男性優位の社会秩序からの解放区

フォントヴロー修道院は、ブルターニュ人のロベール・ダルブリッセル（一〇四七〜一一一七）という、優秀な神学者で隠修士でもあった人が説教師となった時に、人々が集まって共に移動したことに端を発したものだ。

そうした形態は、そもそもイエス・キリストに婦人たちが付き従った様子をモデルにしている。一一世紀の西フランスで、隠修士に従う女性たちには売春婦が多かった。それまでの生活をすべて捨てて、祈りと苦行に専念するというスタイルは、娼婦とされた「マグダラのマリア」がモデルであり、「母」となることを拒否し、父権、男性支配を逃れる女性たちの姿でもあった。女たちの共同体は避難所であると同時に、男性優位の社会秩序からの解放区であり、そのような場所が存在したことで、女たちを崇敬する自由な男たちも登場することになった。

一二世紀半ばから一三世紀半ばには、南部ラングドックの民衆宗教運動である「カタリ派」の「完徳者《かんとく》」が一般信徒に「完徳」の道を説いたが、その「完徳者」にも女性が多かった。カタリ派の理論ではそもそも性別とは悪魔によって作られた肉体にのみあるものだから、魂には性差がない。小貴族に帰依者が増えたため、女性指導者も少なくなかったが、これは女たちが解放されたというよりも、「聖なるもの」が無性化されるもので、聖母マリアの処女性信仰と軌を一にするものだろう。

†ベギン会という在俗共同体

中世ヨーロッパで女性リーダーが生まれた場所として、女子修道院やカタリ派以外に一世を風靡したのが、ベギン会と呼ばれる在俗共同体である。

ベギン会はフォントヴロー の少し後に、フランドル、ライン地方で最盛期を迎えた。この運動の特徴は、実はリーダーのいない「草の根」型だったことだ。

結婚しない女性や寡婦の避難所でもあった女子修道会を成り立たせていたのは、貴族や豪族の家系出身の修道女たちの持参金や、相続した領地からの収入だった。女子修道院は良家の娘の教育機関であると同時に、福音書の教え通り、貧しい女たちを受け入れる場所でもあったが、生き方の選択肢の少ない時代に、落ちこぼれる女性たちをすべて救うことはできない。そんな時代に、女性たちが集まって世俗の共同体をつくるベギン会が、一二世紀後半に今のベルギーを中心としたフランドル地方に出現した。

十字軍(一〇九六〜一二九一)の影響で男性の数が減ったことで、寡婦や未婚女性の数が増えたこともその背景にある。一二一五年のラテランの公会議は、修道院の定員を限定した。ベギン会の最初の形態は、病院(当時の病院はすべてキリスト教系の慈善施設だった)で病者や貧者の世話をしながら、その近くに集まって住むというものだった。これは近代の社会活動型修道院の原型でもある。運動は次第に広まり、規模の大きい集合住宅型の共同体も出現した。貴族の寄進を受けて、時には広大な敷地に庭やチャペル、洗濯場などを共有し、廊下でつながった長屋が連なる町の体をなすこともあった。

この共同体には、結婚できないが職にも就けない下級貴族、それに都市上層民と下層民が混在し、神と貧しい人たちに仕える点では従来の修道院と似ているが、公式の修道誓願はなく、そのため教会権力からも世俗権力からも自由だった。また、私有財産を持ち続けることも可能で、出ていくときも私有物を引きあげることができた。

　活動内容も多岐にわたり、家政婦的労働や、ラテン語聖書を俗語に訳す営為もあれば、織物や陶器、蠟燭造りなどのアトリエまで存在した。時には何百人もの集団となり、体制から警戒されることもあったが、ハンガリー王女でテューリンゲン伯夫人となった聖エリーザベト（一二〇七～三一）のような有力女性からの支援を受け、新しい施設も建てられた。エリーザベトもアッシジのフランチェスコの教えに共鳴して福祉活動を始め、十字軍で夫を亡くした後も、再婚せずに在俗のフランシスコ会第三会に入会した。

　エリーザベトが、死後まもなくの一二三五年に列聖された後、ベギン会はますます広がりを見せた。誓願なしの会則も生まれたが、それは各共同体に独自のもので修正も可能であり、ヒエラルキーのない合議制で自立した「民主的」なシステムだった。カトリック教会に全面管理される禁域型修道院とは異なり、男性聖職者や有力者と接する機会も多く、信仰の深さや「神秘体験」を認められ、後に「聖女」となった者さえいた。宗教は、職場や家庭で自己実現できない女性たちの新しいフィールドとなり、聖体拝領《せいたいはいりょう》を日課としたイエスと一体型の信仰が極められた。

神との合一を説いて異端に問われたた神学者マイスター・エックハルト（一二六〇頃～一三二八頃）に端を発したライン＝フランドル神秘主義は、このベギン会で開花した。フランスではルイ九世（十字軍遠征中に死んだ聖ルイ王）が、パリにベギン会修道女を招いて共同体の住処を提供した。

けれども、その「自由さ」は次第に教会当局の取り締まりの対象になった。聖職者にも特に大きな影響力を持ったベギン会のマルグリット・ポレートの著書『素直な魂の鏡』が焚書《ふんしょ》にされ、一三一〇年に異端としてパリで火刑にされるという事件が起こった。その翌年には、ベギン会全体がウィーン公会議で「偽の敬虔さ」を断罪された。

この時代には、もともと托鉢修道会であったフランシスコ会も、カタリ派などと共に異端視されていたが、伝統的な規則やヒエラルキーを持つ男子修道会、女子修道会と在俗の第三会へと分岐していたことで異端認定を免れた。

一五世紀からは「健全な乞食」と認知されるようになったベギン会は、都市の信心会に近くなり、やがてフランシスコ会第三会へと吸収されていった（フランシスコ会はその後巨大な修道会へと発展し、一六世紀末から一七世紀初めの日本でのキリスト教の布教にまで進出して弾圧されている）。

一三世紀に聖ルイ王が招聘したパリのベギン会も、一五世紀のルイ一一世と王妃のサヴォワ家のシャルロットの時代に、「アヴェ・マリア」共同体と改名させられて、フランシスコ会第三会の共同体となった。

フランドルにあるいくつかのベギン会の共同体を除き、女性が自治と自由を行使したベギン会はこうして消滅した。一七、八世紀には八万人ほどの男性がベギン会風共同生活を営んでいたとも言われているが、大きな足跡は残していない。現代のグループホーム、シェアハウスが集まるような共同生活だったベギン会の建物には、今でもシニア用の公団住宅として再利用されているものもあるし、ユネスコの世界遺産に認定されたものもある。

中世において女性がカトリック教会に全面管理される禁域型修道院ではなく、自由な共同体が実現した時期があったことの意味は大きい。「女性の自由」こそが、新しい時代を開くリーダーの登場を準備したのだ。

さらに、自由な魂が神へと向かう過程を書いて焚書にされた、マルグリット・ポレートの『素直な魂の鏡』はその後も密かに読み継がれ、ライン＝フランドル神秘主義を現代にまで伝えることになった。

†世界最大規模のフォントヴロー修道院

フォントヴローは西ヨーロッパに存在した最大規模の修道院である。正確には修道院群だ。時代は、神聖ローマ帝国を名乗るドイツ封建領主の支配から脱して、キリスト教の理想に戻ろうとしたグレゴリウス七世の「大改革」が実を結ぼうとしていた頃だった。ブルターニュに生まれ、パリで学んでいたロベール・ダルブリッセルは、教区の改革のためにブルターニュ司教から呼び戻されるが、徹底した改革のせいで敵を作り、隠遁生活に入ることを余儀なくされた。

そんな彼を慕う弟子が集まり修道院を作ったため、彼はその評判を聞いたウルバヌス二世から召喚された。ウルバヌス二世はダルブリッセルに巡回説教の許可を与えた。それからの五年間で、彼を師と仰ぐあらゆる階層の男女の信徒が、集団をなして移動するようになった。

けれども不特定多数の男女が生活を共にすることが問題視され、一一〇〇年のポワティエ公会議がダルブリッセルに定住を求め、一一〇一年の復活祭頃、男女を分けたフォントヴロー の修道院ができた。フォントヴローは、アンジュー、トゥレーヌ、ポワトゥーという三公国の境界という戦略的な要地にあり、そのおかげで彼らはポワティエの司教に属することなく、ローマ教皇に直属するという形をとることになる。

ロベール・ダルブリッセルはぼろを着て髭面で、裸足で歩く説教の旅へと再び出発したが、時々戻ってきては、修道女たちの間で眠った。それはギリシャの昔からある禁欲修行の形だったが、同時にスキャンダルも引き起こした。留守を任されたのは、貴族の寡婦エルサンド・ド・シャンパーニュで、息子たちから寄進なども得て、修道院の土地購入や教会建設にも関わった。

一一一五年一〇月、ペトロニーユ・ド・シュミエがフォントヴロー修道院群全体の最初の総長に任命され、すべての修道者が服従を誓った。男性修道者ではなく女性を全体の最高位につけたのは、ロベール・ダルブリッセルの神学的信念に基づくものだった。

彼は、十字架のイエスが愛弟子ヨハネに聖母マリアのことを「見なさい。あなたの母です。」(ヨハネによる福音書19章26〜27節)と言明したことを重視し、マザーである女性総長はすべての信徒の母であり、最高の権威を持つとしたのだ。この決定は驚くべきものだったが、なんとその後六〇〇年以上も、延々と続くカトリック世界に唯一のシステムとなった。

当時のフランスの大西洋側の諸侯は姻戚関係も含めて、イギリス王の勢力下にあった。二代目の総長イザベル・ダンジューはイギリス王ヘンリー二世の伯母であり、ヘンリー二世や妻のアリエノール・ダキテーヌ、彼らの息子であるリチャード一世(獅子心王)らの墓所は今でもここに残っている。十字軍にも参加したリチャード一世は、イギリス本土で暮らすことはほとんどなかったのだ。

その後も、フランスのブルボン家の女性の多くが若くしてフォントヴローに入り、後に総長の座に就いた。広大な敷地内には、自給自足を可能にする農地や果樹園、放牧地もあり、男子修道院の他に、修道者ではない使用人のための建物もあった。同じ敷地に男女の修道院が分かれて並立していたというよりは、貴族の女たちの「城」と、彼女たちに仕えて労働に携わる修道士の施設があったと言った方が当たっているだろう。

一二四六年の記録では、五〇〇名の修道女に対して一一六名の修道士がいて、一七世紀には女性が二三〇名で修道士が五〇名となっている。フランス革命期の一七九〇年の時点でもまだ女性一一二名、男性三八名が暮らしていたという。

一七、一八世紀頃には、職人や商人上がりの平民の修道女たちが、身分の高い修道女たちの世話をし、ミサを受け持つ司祭は庭師、農民、外科医、法律家、職人、商人などからなる平修道士たちと共同生活をしていたことがわかっている。このような形態は、宮廷の変化型とでもいうべきもので、修道の志願をしてやって来た者に役割があてがわれるのではなく、最初から必要なポストに志願者を募集して、平修道士の身分を与えた。

またフォントヴローは孤児や貧しい者も受け入れた。寡婦たちはもちろん、夫や子どもと共にやってくる女性もいて、夫婦が別居しながら住み込み、永久就職の場所を提供されることもあった。少女は一〇歳以上で入会でき、終身誓願が一四歳以上、少年は一五歳で入会できて一八歳で終身誓願が認められた。修道院の他に、見習い修道士、修道女用の建物、寄宿舎もあった。

建前として、一日に四時間半の刺繍などの手仕事の時間が決められていたものの、ルイ王朝の娘たちなど身分の高い修道女たちには、祈りや典礼以外の「労働」は課せられなかった。王には愛人の子どもも多かったから、生まれた時からフォントヴロー行きを運命づけられている女子もいた。

全員の上に立つ総長には一六四三年に九〇名、フランス革命時点では七三名の専属の召使がついていた。また、一五世紀にはヨーロッパ有数の蔵書数を誇る図書室、金銀の食器、聖遺物や宝石などであふれていた。チュイルリー宮で生まれたパリ行政長官の娘が三三代目の総長となり、フランス語の他にスペイン語、イタリア語、ラテン語、ギリシャ語、ヘブライ語を操り、プラトンの『饗宴』を仏訳したと言われている。

†絶対平和のモデル

フォントヴローは、西ヨーロッパ最大の領地を抱える修道院群で、知と富の集積地でもあったが、その創立者のロベール・ダルブリッセルも初代総長も、何度かの列福申請にもかかわらず福者にも聖人にも認定されていない。彼らはそういう意味では平聖職者だった。

とはいえ、男に「殺す権利」があり、女に「産む義務」があるという父権制ヘテロ社会の真っただ中で、数百名規模の男女の集団において女性が最高権力を掌握していたことの意味は大きい。

金と資源と、すべての構成員に服従を誓わせる権力が女性総長に集中し、しかもその地位が「世襲」ではないままに何世紀も安定して続いた結果、権力の拡大ではなく、知識、教養や文化の集積と進化が起きた。

実際、ヨーロッパの修道院の多くが、一六世紀から一七世紀にかけての宗教戦争で大きな被害を受けたというのに、このフォントヴローは、ほぼ無傷のまま存続した。それはこの修道院が、基本的に政治や権力争いとは無関係で、周辺諸侯とも癒着や経済的な直接の利害関係を持っていなかったためだ。

最高決定権者である「総長」の関心事は、政治的にも軍事的にも宗教的にも、覇権争いには向かわず、芸術、文化の分野では、各国の知的集団と具体的な交流を持ち続けた。そのため、傭兵を含む兵士たちがなだれ込んで財産を荒らすということもなかった。フォントヴローは「父権制社会」とは別の次元にある島宇宙だったからだ。

それはフランス中の修道院や教会を閉鎖し、共和国への忠誠を誓わない聖職者や還俗《げんぞく》しない修道士や修道女がギロチン台に送られたフランス革命の時代でも同じだった。最終的には共和国政府に没収されて閉鎖されてしまったものの、ブルボン王家につながる多くの女性がいたにもかかわらずそれは平和裏になされ、還俗しない修道女もそれぞれの故郷に戻って残りの生涯を終えることができた。

†『女たちの都』

フォントヴローが世俗の覇権争いに巻き込まれず、破壊や収奪も受けずに激動の中世ルネサンス、宗教戦争の時代を六五〇年も安定して存続できたのは、単に総長が女であるが故に、戦闘的な男性ホルモンの影響を受けにくかっただろうというだけの理由ではない。もちろん「修道者」として、イエス・キリストの本来のメッセージにある絶対平和主義を盾にして来たことはあるが、それ以上に、フォントヴローを「正義と知性と平和のユートピア」にしようとする積極的な意志があったからだ。

一五世紀以来、フォントヴローの上級修道女たちの愛読書がクリスティーヌ・ド・ピザン（一三六五頃〜一四三〇頃）の『薔薇の言葉』や『女たちの都』だったことが知られている。クリスティーヌ・ド・ピザンは、医師で占星学者の父と共に、イタリアからフランスのシャルル五世の宮廷の元に移住した人で、父親から、また宮廷の図書室での読書で知識を身につけた。若くして国王の書記官である貴族と結婚したが、二五歳で、王、父、夫が相次いで死去する。

シャルル五世の死の後で、フランス王位をめぐってフランスのブルゴーニュ派とアルマニャック派が対立したが、クリスティーヌ・ド・ピザンは、宮廷や貴族たちの人脈を使って文学作品を発表した。自ら製作した写本に、修道女に似た姿で執筆する細密画を入れて装丁するなど、セルフ・プロデュースにも長けていて、シャルル五世の伝記執筆まで依頼されるほどだった。

彼女は、一三世紀のフランスで書かれた『薔薇物語』という騎士道恋愛の本に書かれている、女性が弱々しいばかりか嘘つきで裏切り者であるという偏見に対抗して、『薔薇の言葉』を執筆した。ラテン語も自由に読めたクリスティーヌ・ド・ピザンは、アマゾネスなどを含めた一〇〇人以上の女性ばかりの伝記を集めたボッカッチョの『名婦列伝』を読んでいた。女たちを讃える材料は十分にあり、その延長で書かれたのが、一四〇四年に発表された『女たちの都』だったのだ。

それは徳と知識と勇気のある女たちが、自立して住む避難所というユートピアを描く小説だった。クリスティーヌ・ド・ピザンをインスパイアしているのは、「正義」と「公正」と「理性」を擬人化した三人の女たちだとされる。いずれもフランス語では女性名詞であり、婦人たちはみな冠を被っている。後に『平和の書』を著したことからもわかるように、

『女たちの都』のユートピアとは、もちろん争いのない絶対平和を標榜する世界だった。

女性職業作家の先駆者となったクリスティーヌ・ド・ピザンは、敵対する貴族の両陣営で、王妃や貴族の女性たちのネットワークを駆使して両派の架け橋となり、平和を訴え続けた。それにもかかわらず内部抗争は激しくなり、休戦中だったイギリスがそれに乗じる形で百年戦争を再開し、一四一五年にアザンクールの戦いでフランス諸侯軍を大破させた。

一四一八年、パリにはイギリスと手を組むブルゴーニュ派が入り、アルマニャック派を追い、王太子（後のシャルル七世）もパリを離れてブルジュへと亡命した。同時にクリスティーヌ・ド・ピザンも、パリを逃れて娘のいるポワシィの修道院で逼塞《ひっそく》することになる。女子修道院は、召命を受けた修道女だけではなく、家族や、他に行き場のない女性の文字通りの「避難所」であり、すでに「女の都」でもあったのだ。メセナによる年金が、そんな彼女の生活を支えていた。

修道院に入って以来ほとんど筆を折っていたクリスティーヌ・ド・ピザンは、ジャンヌ・ダルクによる「オルレアンの解放」とシャルル七世の戴冠の話を聞いて感動し、最後に『ジャンヌ・ダルク頌』を執筆したが、ジャンヌ・ダルクの失墜と火刑を知らぬままにこの世を去った。シャルル七世がランスで戴冠したすぐ後の一四二九年七月末に書かれたこの遺作は、歴史文学とも呼べるほどの客観性を持った語りの中に、クリスティーヌのそれまでの政治観と女性観を注ぎ込んだ総決算ともいえる遺作になった。

この中で、ジャンヌ・ダルクは、「英雄」と「聖女」の間で危ういバランスを取りながら描かれている。当時の大方のフランス人の印象通り、オルレアンでの勝利とシャルル七世の戴冠は、まさに「奇跡」だったからだ。

✝英雄と聖女の間

この遺作が意味したものをもう少し見てみよう。親政が不可能になったシャルル六世の継承権をめぐる争いを平和裏に解決しようと、対立する諸侯の調停に努めていたクリスティーヌ・ド・ピザンは常にオルレアン公に忠実であり、戦いの成り行きに絶望していた。ところが、一四二九年の四月から七月という非常に短い間に、戦局が一変した。彗星のように登場したジャンヌ・ダルクのダイナミズムは、人間の戦略を超えた「奇跡」としか思えない。

クリスティーヌはこの作品を明らかにシャルル七世に捧げているので、そこには、「善き王」とはどうあるべきかというアドヴァイスが示唆されている。その答えは、「神に仕えること」と「戦争を終わらせること」の二つだ。敵側の都市について語る場面を通して、力による恫喝と友好的な説得をうまく使い分けるべきであることを王に伝えているという。

それまでの著作でもクリスティーヌは、「民族を救う女」の例として、『名婦列伝』だけではなく旧約聖書の強い女たちの例を挙げてきた。ジャンヌ・ダルクについても、その力をギリシャ神話の英雄にまで喩えたが、彼女が国を救う姿は聖書の女たちの姿にも通じる。

とはいっても、奇跡を起こしたのはジャンヌ・ダルク自身ではないという神学的配慮はなされている。ジャンヌ・ダルクはあくまで神のみ旨を果たす道具であり、真の主役は「神」と「王」だということだ。ジャンヌの男装も、『名婦列伝』の「ポントゥスの王妃ヒュプシクラテア」が、ポントゥスの王ミトリダテス（前六三没）を守るために男装してローマ軍と戦ったことから正当化される。また、旧約聖書（士師記4章）でカナンの王ヤビンの奴隷状態にあったユダヤ人に神の裁きを行い、預言者として民を救ったデボラの姿とも重なる。

ジャンヌ・ダルクとは、これら勇敢な女性たちが百年戦争のフランスに受肉した存在なのだ。けれどもジャンヌの勇気や智恵は彼女自身の栄光ではない。彼女は神に「選ばれた」のだ。

クリスティーヌ・ド・ピザンがあと何年か生きていて、ジャンヌ・ダルクが異端審問にかけられて火刑に処せられたのを知ったら驚き嘆いただろうか。クリスティーヌの関心事は神の道具である一少女の運命ではなく、王が神に仕え、戦争を終わらせることだったのだから、戦闘が終結に向かっていったことにひとまず満足しただろう。そのためになら、ジャンヌ・ダルクをすぐに救おうとしなかったシャルル七世の戦略にも同意したと思われる。クリスティーヌ・ド・ピザンは、「男に優越したいフェミニスト」ではなかった。政治の大局を見て、必要ならば聖女でも魔女でも動員して平和の実現を願える人だったのだ。

ジャンヌ・ダルクという「奇跡」のリーダーがフランス軍の士気を高揚させ、イギリス軍をおののかせた。戦局の変化がそのリーダーを異端者として葬ったが、次の時代が彼女を殉教者とし、さらに聖人の列に加えて聖母マリアと共にフランスの守護聖女にした。クリスティーヌ・ド・ピザンが修道院の中からジャンヌの役割を評価して、そのクリスティーヌの著作がフォントヴローの総長たちに愛読された。そうした流れは決して偶然ではない。女たちは百の顔を使い分けながら、自由や平和についての意見を残し、また自らの生き方で示したのだ。

†ジャンヌ・ダルクの政教分離

ここで、前章で述べたジャンヌ・ダルクの両義性についてもう一度触れておこう。修道会にも属さず、修道院に逃げ込むどころか戦場に繰り出したジャンヌはある時は「魔女」と恐れられ、ある時は「聖女」と崇められた。けれども、そもそも模範的な信者であったはずのジャンヌがどうして、お告げとして見聞きしたことをまず司祭に告げないというリスクを冒したのだろうか。その理由は、ジャンヌの中では明快だった。お告げの内容が宗教的なことではなく政治的なことだったからである。もし「お告げ」が、人々の改心を促すものであったり、聖堂を建てろというようなものだったなら、カトリック世界の多くの神秘家がそうしたようにジャンヌも司祭にそれを告げただろう。しかしジャンヌに与えられた使命は軍事的で政治的なものだった。だからジャンヌはそれを果たすために、司祭にではなく軍人と王太子に「お告げ」を直接伝えた。それはある意味で「教会」の権威を政治に巻き込むことを拒否したのであり、彼女は現在までつながる「政教分離」という考え方を先取りしたとも言える。

そこに教会のお墨付きを必要として、ジャンヌをポワティエに送ったのは王太子の側だった。ジャンヌの方は、審問の最初の宣誓でもはっきりと、「信仰に関することは真実をすべて告げるが、啓示の内容についてはその限りではない」と言った。

それだけではない。ジャンヌは、「戦う教会」の命令には従うが条件があるとも言った。すなわち神に与えられた使命に抵触しない命令であればということだ（異端審問記録3月31日）。ジャンヌが無条件で信じる啓示は彼女の魂の救いと直結しているので、それを否定することは不可能だ。けれども、拷問にかける、火刑台に送ると脅され、彼女は自分の

「過ち」を一度は認めてしまった（同5月24日）。「教会」に反抗すれば、聖体拝領すらもできなくなるからだ。

体調を崩したジャンヌは「戦う教会」の権力に屈したものの、「神の声が虚言だった」と言ったことは一度もない。五月二八日、ジャンヌは「戻り異端」で火刑が確定されるための決定的な言葉を口にした。啓示は神から来ている、過ちを認めたのは「火の恐怖」からだったが、「生きながらえることで自分は地獄に堕ちる」、「自分が神につかわされたのではないと言えば地獄に堕ちる」と言い、「声が聖女マルグリットと聖女カタリナのものだと信じているのか」と問われて「そうです。そして神のものです」と断言した。彼女の良心は、永遠の救いを得るためにそれ以外の答えを用意できなかったのだ。

そうしてジャンヌは、火刑台で焼かれた。

†ジャンヌが用意した「近代化」

二五年後、復権裁判によってこの異端判決が無効になった背景には、百年戦争がシャルル七世の勝利で終結したという政治的状況ももちろんあるが、神学的状況もまた変化していた。ジャンヌの死後すぐにバーゼルの公会議が招集され、拠点を移しながら公会議主義者と教皇派が激しく争った。公会議至上主義が教義化されようとし、キリスト教に再び分裂の危機が訪れたが、エウゲニウス四世がその地位を守り切った。「公会議の無謬性《むびゅうせい》」に替わって、「教皇の無謬性」（第一バチカン公会議）が宣言されるのは一九世紀後半だが、「教会至上主義」という全体主義は、この時にすでに相対化されたわけだ。

その結果、「戦う教会」への絶対服従を断固として拒否したジャンヌ・ダルクの復権が可能になった。ジャンヌの「聖性」が、異端審問当時の全体主義だけではなく、教会の持っていた中世的な側面のすべてを覆すに等しいものとなったのだ。あまつさえ、二〇世紀初めにジャンヌは聖女の列に加えられた。聖職者でも修道女でもない一人の女性の聖性が、中世の教会権力に優越し、それを相対化したことが確認されたのである。ジャンヌの盛衰は、教会を照らす光と真実についての深い洞察を神学者たちに促す源泉となり、「世俗の人間の神学」に道を開いた。

教会の力とは「服従させる力」ではなく「福音の力」であり、聖性にいざなわれた神の民である地上の教会とは、謙虚な奉仕と愛を実践するものだとされるようになった。その帰結が二〇世紀後半の第二バチカン公会議だ。教会への服従こそが「徳」であり「信仰」であるというイデオロギーの時代に幕を降ろし、信教の自由が謳われたのだ。

ジャンヌ・ダルクの火刑は、神の目に最も貴重で尊厳あるはずの「人の命」が政治によって根本的に無化されたものだった。だからこそジャンヌの復権と列聖は、カトリック教会が改悛して天に向かって確かに歩を進めていく象徴になる。人は自らの自由意志によって神の呼ぶ声に応えるのだ。

残念なことに、二一世紀の今でも世界を見渡してみると、武力に物を言わせた「聖戦」を遂行し、信教の自由を踏みにじり、他宗教や他宗派の信者たちを、神の名において問答無用で断罪し殺戮する集団が相変わらず存在する。それどころか格差社会で不当感を増大させる人たちが、ウェブを通して「聖戦」を鼓舞され、国際的なテロ集団に加わって勢力を増す状況さえある。それを思うと、中世の巨大な権力機構から加えられた圧力に霊的な一貫性で耐え抜いて、本当の聖性とは何か、宗教の自由とは何か、を求める神学を示唆してくれたジャンヌ・ダルクを忘れることなど、できはしない。

†ラブレー対フォントヴロー修道院

クリスティーヌ・ド・ピザンが死んで一世紀を経たフランスでは、安定した政権とルネサンス文化の中で、既成宗教が堕落していった。それでもカトリック教会の神は王の権威を担保してくれるものだし、宗教は女子どもの教育に役立つものとして社会に根を下ろしていた。プロテスタントの登場もすぐには脅威と見なされなかった。ルネサンスの人文主義哲学者や作家はカトリック世界に警鐘を鳴らしていたし、改革も唱えていた。

一五三四年一〇月にパリやオルレアンで、カトリックの聖餐論を批判する檄文《げきぶん》が初めて張り出されたことで、フランス国内のプロテスタント弾圧が開始され、カルヴァンらが亡命した。フォントヴロー修道院には安定した空気が流れていたが、一五三二年頃に書かれたラブレーの第三の書『パンタグリュエル』（33章）には、クリスティーヌ・ド・ピザンに読まれていたらすぐに反撃されそうな女性への偏見が書かれている。女性がいかに禁じられたものを求めるかという例として、フォントヴローが言及されているのだ。

ヨハネ二二世（一四世紀、アヴィニョンに教皇庁が移った時代のフランス人教皇）が、コワンノフォンという女子修道院（もとはフォントヴローとあったが後に書き換えられた）を訪れた時の話だ。

教皇は、修道女たちから「男の告解師に告解をするのは耐えられない恥だから女たち同士で告解ができるように特例を許可してくれ」と頼まれた。女たちにはたして「告解の秘密」を守る能力があるものかどうか疑問に思った教皇は、少し考えてみると言ってその場を離れ、一つの小箱を置いていった。その箱を開ける者は破門の罪に問われると、かたく言っておいたが、実はそこには小鳥が入っていた。教皇が修道院を出て三歩も行かぬうちに、修道女たちは箱に群がって開けてしまった。翌日、空の小箱を前にして教皇は、禁断をこんなに早く破ってしまう彼女らには告解の守秘義務を守るのは難しかろうと言った。

エデンの園で禁断の木の実を真っ先に食べたイヴの連想もあり、ラブレーの書いたこのエピソードは女性を淫乱で信頼できない動物だと見る文脈にある。けれどもここで取り上げられたのがフォントヴロー修道院だったということは、フォントヴローの女性リーダーたちならば本気で、男性の司祭を唯一必要とする「秘跡」までも自分たちの手で管理したいと思っていても不思議ではないという認識があったからだろう。

実際のフォントヴローは、カトリック対抗宗教改革もうまく乗り越えた。一七世紀の総長であったガブリエル・ド・ロシュシュアールは、家族や友人との連携も強く、文化に造詣が深かった。パスカルやデカルトの影響を受け、今やもう「愛する」だけではなく「識《し》る」時代だとした。「すべての信心は検討に値する」という驚くべき開かれた精神を開示したのだ。

フランス革命で閉鎖された後、広大なフォントヴロー修道院は、ナポレオンによって監獄として使われることになり、第二次世界大戦中にはレジスタンスの闘士も投獄された。今は修復を重ねられ、文化遺産としてその特異な歴史を人々に証言し続けている。

†新大陸の聖母マリア

このように、ローマ・カトリック教会という父権的体制のもとでの、ヒエラルキーの固定と従順の誓願というシステムにおいて、女性たちは、聖女として、魔女として、貴族出身の修道女として、実は様々なリーダーシップをとりながら、福音のメッセージを守ることで宗教文化と人文主義の発展を支えてきた。

最後に、そのキリスト教がヨーロッパ人にとっての「新世界」に渡った後の時代に、聖女でも魔女でもなく在俗でもない古典的な修道女でありながら、文人として絶大な影響力を持った一人の女性の例を見てみよう。

ソル・フアナ＝イネス・デ・ラ・クルス（一六五一〜九五）は、メキシコで生まれた。メキシコがスペイン帝国の植民地だった時代だ。メキシコでは一五一九年のエルナン・コルテスの上陸以来、先住民を虐殺し、アステカ帝国を滅ぼした後に「新スペイン副王領」が築かれていた。その一方で、早くからドミニコ会士が植民者の不正や残虐行為を告発して、スペイン王室にインディオ政策の改変を迫ってもいた。

従軍司祭であったラス・カサス神父も良心の呵責を感じ、ドミニコ会士らと話し合ってスペインに戻り、枢機卿や後のローマ教皇となるハドリアヌス六世に、インディオを奴隷にして土地所有するシステムや、インディオの虐待をやめるよう訴えた。それによって平和植民だけを許可するという王の勅令を獲得したものの、現地に戻ると植民者らの反感に直面し、ドミニコ会士となって修道院に逃げ込んで、征服戦争なしの布教論を執筆した。

すこし遅れてブラジルに渡った、ポルトガルのイエズス会士アントニオ・ヴィエイラ神父がインディオの奴隷制度撤廃やユダヤ人保護を訴えたので、植民者からの強烈な排斥運動を受け、異教徒裁判にかけられて、二年間監禁された例もあり、ラス・カサスの身の危険は現実的なものだった。

一五二六年に新設のドミニコ会修道院長となったラス・カサスは、枢機卿に報告書簡を送りながら、平和的布教を推進しようとした。ヨーロッパではルターの宗教改革が始まった時代だ。

そんな状況だった一五三一年の一二月、アステカ族の農夫ファン・ディエゴの前に、アステカの女神の聖地で「聖母マリア」のご出現があった。聖母はすべての人間が自分の子であると告げ、聖母の大聖堂を建設するよう司教に伝えよとファン・ディエゴに言った。聖母の出現の証拠にと冬の野薔薇を咲かせ、それを包んだディエゴのマントには褐色の肌の聖母の姿が浮かび上がっていた。これが今もメキシコシティで世界中の巡礼者から崇敬を受けている有名な「グアダルーペの聖母」だ。

ファン・ディエゴは二〇〇二年に、「新大陸」先住民で初めての「聖人」と認定された。この時以来、中南米のカトリック国では植民者とインディオの混血が進み、パウルス三世は一五三七年に、インディオの奴隷化を正式に禁ずる勅令を出すことになった。

これに対して、一七世紀初めにアメリカに渡って「自分たちの神の国」を造ろうとしたピューリタンのイギリス植民者たちによるインディアンの虐殺には歯止めがかかることはなく、混血もほとんど起こらなかった。

宗教的にも、ピューリタンが簡素で禁欲的であったのに対して、カトリックは過去のヨーロッパ大陸と同様、ラテン・アメリカの先行宗教やアフリカから連れてこられた黒人の宗教との習合を避けなかった。対抗宗教改革で花開いたバロック美術が、豊富に採取された黄金を駆使して聖堂を飾り立てたのもそのためである。

†メキシコのミューズ

そんな一七世紀の中ごろに生まれたソル・フアナ＝イネス・デ・ラ・クルスは、スペインのバスク地方出身の兵士の私生児だったが、ラテン語を読む祖父の書物に囲まれて育ち、三歳で読書を始め、八歳で韻文を書いた。幼い頃から「知的」な道に憧れ、大学に行きたくて男の子の服装を好んで着ていたともいう。彼女の戯曲『家の工事』の登場人物は、たまたま女装をしたことがきっかけで、それが癖になるという設定で、男女の異装、変身がテーマの一つとなった。

彼女は「天才少女」として評判を呼び、地方出身で持参金もないというのに一〇代前半で副王妃の側近として宮廷に召し抱えられた。数回のレッスンでラテン語を習得し、数学、音楽、哲学、天文学、神学を学んだ。その知識を試すために四〇人の学者が集められてファナに質問をしたが、そのすべてに正しく答えた。美しく、社交的でもあり、宮廷のアイドル的存在になったが、該博な知識以外に財産がなく、独身のまま「研究」を続けたいという彼女には、修道院に入る以外の道はなかった。修道院はヨーロッパの場合と同じく、女性が身を守り、尊厳を保ちながら独り身で自由に生きることが許される「聖域」だったのだ。

ファナはそのことを後に、「私は修道女になりました。なぜならその状態が私の性格に合っていないにしても、結婚は完全に拒絶したいので、赦される最善の選択をしました」と書いている。まず厳律カルメル会で数カ月過ごしたがそこを出て、若くしてサン・ヘロニモ修道会（アウグスティヌス会則のスペイン中心聖ヒエロニムス修道会）に入会した。そこに所属するサンタ・パウラ女子修道院に隠遁して一歩も出ないまま、ソル・ファナ゠イネスはスペインの黄金時代を代表する劇作家として名と作品を残すことになったのだ（彼女は今もメキシコの紙幣の顔となっている）。

彼女の作品の主題は恋愛についてや、女性の抑圧への抗議などで、宮廷人として筆をとったクリスティーヌ・ド・ピザンの系譜だと言っていい。クリスティーヌと同様、ソル・

ファナも修道院に入る前に副王の宮廷に仕えて、すでにサロンの寵児となっていた。その人脈は修道院入りしてからも変わらず、膨大な詩作と戯曲が、王室の肝入りでスペイン本国で出版されている。様々な方面からの「原稿依頼」が絶えず、大司教の注文で新しい副王の着任祝いのテキストを書いたこともある。古典の教養豊かなファナは、副王を形容するのに、波を切って進むネプチューンに喩えた。

ソル・ファナはメキシコでも太陽神への人身御供が盛んだった地域に生まれた。セビリアやサラマンカに匹敵するスペイン・バロックの名建築の並ぶ時代だ。犠牲をテーマにした『ヨセフの王笏と神のナルシス』は、アステカの犠牲ではなくキリスト教を称揚し、ミサでの聖体拝授は血を流さずに永遠の生を約束する犠牲だと述べている。

彼女はいわゆる「女性向け」のものではなく、劇作も詩作も伝記作品もあらゆるジャンルに手を出した。「男の書くすべてのものを書いた」上に、生前からほぼすべての作品が全集として刊行されるほどの大成功を収めたので、男性作家たちからの嫉妬も買ったと言われる。

彼女は「一〇番目のミューズ（ヘシオドスによる『神統記』で芸術などを司るパルナッソス山の九姉妹に続くというものだ）」や「メキシコのフェニックス」とまで呼ばれ、そのあまりの知性に驚いた文通相手から、「男になる」ことを勧められたこともあり、別の男性からは、彼女が「男である」と決めつけられたこともあった。筆跡も男性風なので修正されたことがあるという。

†修道院で花開く

ファナの生涯については、彼女自身が書いた自伝と、スペイン人司祭ディエゴ・カリェハによる「聖女伝」にも似た伝記が残っている。そもそも自伝を書いたのは、司教に対して自己の立場を弁護するためだった。修道院に入ってからも彼女は恋愛詩、活劇、性愛風刺劇などを書き続け、修道院の柵越しの面会場所には人々が詰めかけて文学サロンの体をなしていた。

メキシコの修道院には召使い付きの個室で贅沢なものもあった。プライヴェートな時間もあり、スペイン系修道院は当時女性の大学とさえ呼ばれていた。立派な図書室も完備し、ファナは天文学の道具や、当時のメキシコ最多と言われる個人蔵書四〇〇〇冊を所持していた。

哲学詩『最初の夢』（一六八五）は「魂の旅」の物語だ。魂が夢の中で体を離れ、宇宙の神秘を解明に行き、知識の太陽に翼を焼かれ、不可能の崖にぶち当たって壊れるという話で、「すべてを見ようとして何も見えなくなった」悲劇を描いたものだ。また、『アテナゴリックの手紙』（一六九〇）は神学エッセイで、「神にしてもらえる最大の贈り物は何ももらえないこと。これで借りはないので、全き自由を得られる」という「マイナスの利益」理論を展開した。

そんな彼女の立場や作品が「異端」ではないかと疑いをかける聖職者もいたので、ソル・フアナはなおさら、面会に訪れる宮廷人と知識人をうまく味方につけた。教会といえどもスペイン王の代行である副王には逆らえなかったからだ。そんな彼女の生活が社交的過ぎると苦言を呈した告解司祭もいたが、なんと一六八二年に、「もう無理です。私は、神父様の教えを忠実に守る他のシスターたちのようには禁欲的ではありません。非常に残念です。（…）私をお忘れください」という手紙とともにフアナから「解任」されている。

もちろん教会の批判をかわすために謙虚さを演じて信仰をテーマにした作品も時々書いていた。フアナは、社交と危機管理の能力を駆使して、イタリア・スペインのユマニスト文化を体現しながら、スペイン黄金時代を継承していったのだ。

一六九〇年、彼女の友人である司教がフィロテアという修道女の名を借りて「世俗の書物を書くことをやめて宗教学にのみ専念するように、福音書に戻りなさい」と忠告した。しかし、「世俗」と「宗教」という二つの生き方は、フアナにとって切り離し可能なものではない。フアナは『シスター十字架のフィロテアへの答え』という手紙形式で自らのそれまでの歩みを語り、一六九一年に、彼女を批判していたプエブラの司教に送った。その中では、女性が知識と学問に携わる権利を明確に訴えている。それが彼女が「アメリカ最初のフェミニスト」と後に呼ばれる所以だ。一人称の代名詞を使わないことが多いスペイン語で、初めて「私」という言葉を「私には野心がある」、「私には必要である」という文脈で使った女性でもあった。

フアナが著作活動を停止したのは、一六九三年に飢饉と暴動という社会不安が勃発した時だった。その年の告解で自分を「最悪の女」と表現した。セビリアで著作集の第二巻が成功裡に刊行されたばかりだというのに筆を折ったのは、修道女としての「回心」だったのか、それまでずっと確信犯的に戦って来たことに疲れた「鬱状態」だったのかはわからない。

一六九四年、彼女は蔵書を売却した売り上げをすべて貧民に分け与え、面会室でのサロンを閉鎖し、ソネット制作などの注文をすべて断った。それは聖職者側からの批判に屈したというより、自分の名声からくる厄介ごとに巻き込まれずに、静かに研究に専念したいという思いからだったとも考えられる。

「黙ることは、語ることがもうないことを意味するのではなく、言わねばならないすべてをことばに託すことはできないということ」だという言葉を残し、ペストにかかった修道女たちの介護をしながら、一六九五年、自らもペストに斃《たお》れた。亡くなった後のファナの部屋に残っていた書物は一八〇冊だけだったという。

一九八二年にメキシコのノーベル賞作家オクタビオ・パスが『ソル・ファナ＝イネス・デ・ラ・クルスまたは信仰の罠』という作品を書き、映画化もされた。一九七八年に発見された遺骨は二〇一一年になって妹の子孫のDNAと照合され、ファナ本人のものだとされたという。

†「神の国」をリードしてきた女性たち

このような様々な女性リーダーが登場してきた経緯には一つの共通点がある。彼女らが、他の女たちとの競争に勝ったわけでもなく、男たちと競争して男性に伍してきたわけでもないということだ。彼女たちは、男たちがしのぎを削り、効率や生産性や権力や財力を競うフィールドではなく、別の時間が流れる「ブルーオーシャン」を嗅ぎ分けた。男の視線から見れば「不自由」な世界かもしれないが、実は、希少な「自由」な世界であり、女たちにとって、「性の対象」でもなく「産む義務」からも解放されている真の「自己実現」を目指せる世界だった。

告解司祭と協働して「聖性」のモデルを練り上げることも、逆に「悪魔」の誘惑に耽溺《たんでき》することも、多くの書簡のやり取りによって世界とつながることもできた。時として外に向かって過激な批判を投げかけても、異教的な作品を書いても、神秘体験を語っても、魔女のような超能力を発揮さえしても、それが男社会の直接の脅威にならない故に、ひそやかに温存されたり、脚色されて利用されたりもした。

それらすべてが、父権制社会の中で変質してしまったキリスト教が本来持つ「弱者の宗教」の根を支えてきた。男たちのキリスト教がどんなに誇らしく「神の国」や「永遠の命」を掲げても、彼らの戦いのリングは「現世」だった。昇進や、任期や、権力の掌握や、富の集積や、領土を脅かす敵の征伐などという「短期決戦型」の生き方だった。しかし「神の国」を常に長いスパンでリードしてきたのは、実は女たち、あるいは、女たちと同じように「短期決戦」のフィールドから離れた数少ない男たちだった。

修道院や共同体は、「社会の不適応者」の引きこもり施設、隔離施設などではなく、生存競争に明け暮れる社会を、超越的な価値へとつないでくれるダイナミックな架け橋であり、この世の人間の霊性と文化を、ゆっくりと育む豊かな地下資源を形成していたというわけだ。

ベギン会の神秘家が、フォントヴロー修道院の総長たちが、メキシコのソル・フアナが、「聖女」や「魔女」のレッテルからも自由なところから、やがて来る新しい世界を確かにリードしていたのである。

終　章
神はフェミニストなのか？

サン・ピエトロ大聖堂（バチカン）

†普遍宗教の限界

地球上にはいろいろな文化、文明が生まれ、そして消えていった。人々が丸い地球を知らず、地球の裏側に住む同類がどのような世界のヴィジョンをもって、どのように暮らしているのかを想像もせずに、「自分たちの共同体」の暮らしを守ることに明け暮れていた時代は終わった。

いつも自分たちの共同体から提供される共存のモデルだけを見て、それに従うことでサヴァイヴァルしてきた人々が、「別の世界」があることを発見した。自分の属する共同体に違和感を覚えていたり、排除、差別されていたりしていた人は、自分と同じ価値観を持つ共同体が別にあることや、自分と同じような差別を受けている人々の存在を知るようになった。

それでも、自分の生まれ育ったところを離れるのは難しい。社会ばかりでなく、人には先祖があり家族があり、経済的な縛りもあるからだ。そんな人々に、地縁や血縁と関係なく結びつく可能性を開いてくれたのが、特定の「教え」に帰依すれば、新しい共同体に受け入れてもらえる仏教、キリスト教、イスラム教などの「普遍宗教」と言われるものだった。

地縁血縁を問わない「普遍宗教」は、その性質上、「すべての人」に、生老病死《しょうろうびょうし》の実存的な苦しみから救われる教えを説き、人がどこから来てどこへ行くのかの問いに答える。一般に「宗教」は前世や来世について語ることで、それらの見えない世界との関係性の中で現世をどう生きるのかを指導する。「見えない世界」と「今ここにある世界」をつないでくれるのは、祭司や僧や霊媒や預言者たちだ。

「普遍宗教」はどれも、先行する民族宗教の枠から離れ、共同体の掟や縛りから人々を解放する新しい地平を提供した。けれど、いずれの普遍宗教も、家父長的価値観を持った社会で生まれたため、やがて「宗教的権威」が世俗の権威と結びつくようになり、「護国宗教」「宗派宗教」へと変質してしまう。

父権制社会において、女性は長い間、共同体の制度設計に関わる「主体」ではなく、構成員の「財産」として扱われてきた。生産力が増大した社会では余剰の財産を、父が血のつながった子どもに確実に継承させるために、妻を「所有」する必要があったからだ。

現在の世界でグローバル化した「民主主義」や「外交政治」、「基本的人権」という価値観を牽引した西洋キリスト教文化圏もその例に漏れず、キリスト教に「父と子」の父権的権威を反映させてきた。競合しながらも互いを利用してきた世俗権威と宗教権威は「近代化」の中で分化し、世俗権威は、キリスト教の普遍主義的価値観を「神」抜きのものに作り替えた。けれどもその価値観の中では、暴力を行使する覇権主義を統制することはできていない。それはなぜだろうか。

キリスト教はそもそもの出発点において、父権制どころか、父のわからぬ子を受け入れた養父ヨセフに育まれたイエスが、家を出て説教の旅に出た末に、既成権威から憎まれ、裏切られ、辱めを受けて殺されるという「徹底した弱さと非暴力」に依って立っている。それはもちろん「弱肉強食」の原則の対極にあったはずだ。

†「区別」が「差別」になる時

強者が弱者を支配したり搾取したりする世界において、相対的な「弱者」にはいろいろな種類がある。若者はいつか老いるし、健常者は病者になり得るし、勝者が敗者になることもある。マジョリティとマイノリティが入れ替わることもある。その中で「女性」は、人類の半数を占めているというのに、いつも構造的な被支配者であり「モノ」として扱われ続けてきた。

男性と女性は明らかに異なる。生物学的に異なる機能によって「男性」と「女性」を「区別」したのだから当然だ。男と女が異なること、区別されること自体は、「自然」の範疇だ。それは、ある「人」が別の「人」と異なるのと同じである。すべての人が、性別だけでなく、遺伝子や生育環境のあらゆる組み合わせによって異なっている。いや「同一人物」でさえ、年齢や環境や健康状態によって変わっていく。問題は、そのようないろいろな視点からなされる「違い」による「区別」ではない。「区別」が、権力勾配《こうばい》のあるところでは必ず「差別」となる、ということが問題なのだ。「普遍宗教」と呼ばれるものが目指したのは、そのような差別の解消だった。キリスト教の場合は、それを「超越者との関係」の中で実現しようとした。人だけではなく、自然も動物も、「創造神」のもとでは互いに力による支配関係を必要としない調和が目指されていたはずだった。

神なしの価値観や理念の共有だけでは、人の暴力衝動を抑制できない。その価値観や理念を生んだ「人間」との有機的な関係性を維持できなければ、理念はただの言葉になる。だから「区別」を「差別」にさせない、共感の関係を育むことのできる「場所」が必要なのだ。「神」は、そのような「場所」だった。人々が近代社会の中で、伝統的な共同体の縛りから逃れて「自由な個人」として生きることができるようになってからも、「神」は必要だった。「神」を介することなしには、「個人」と「個人」は利害とテリトリーを異にする対立関係にある「他者」となってしまうからだ。

超越者を消去した「人間中心主義」は、個人を「分断」する。生まれた環境での身の保全に最適な共同体主義も、そこから脱出して「志向」や「嗜好」を同じくする者が集まって権益を獲得しようとするロビー型共同体主義も、あらゆる「共同体主義」は最終的に人を「分断」してしまう。分断が個の「区別」を生み、「区別」は「差別」に回収される。だから、それはもはや、男性と女性の区別や、その権力勾配における差別というわかりやすい問題だけではない。サマリア人、カナン人、姦通の女、徴税人、ユダヤ人、少数民族、障碍者、有色人種、異文化社会、そうしたすべてへの「差別」はまったく同じ構造をもっているからだ。

「差別」をその一部分だけ取り出して、別の「差別」や「逆差別」で解消するのは意味がない。カトリック教会で言えば、女性司祭、女性司教を可能にしたり、司祭の妻帯を認めたり、聖職者と信徒の格差をなくすなどの「改革」だけで対応できるような問題ではないのだ。

†エクスタシスとエンスタシス

しかし「分断」を解消して統合を目指す「普遍主義」にも罠がある。それは、「近代」がようやく共同体の縛りから解放した「個人」を再び無化する方向で使われることがあるからだ。「神」や「教祖」や「イデオロギー」や「イデオロギーを体現する人」を「絶対」の場所として、「差別」だけでなく「区別」も無化して「一体化」の狂騒や歓喜が演出される。「我」や「個」が霧消《むしょう》するところに「区別」のない「一体」が生まれるのだ。

これはプロパガンダや演出によらなくても、麻薬や向精神薬の摂取によっても得られる一体感だ。人は「個」を忘れ、「我」を忘れ、大きな何かと合一する。それは変性意識状態、恍惚、トランス状態と言われるものだ。古今東西の「神秘体験」やシャーマニズムや憑依《ひょうい》にも見られるが、それ自体が「異常」として斥けられるわけではなく、その解釈や操作や利用や覚醒時に及ぼす変化などによって、評価もリスクも異なる。しかしこの「エクスタシス（脱我）」はそれ自体では何も解決しないし、個の判断力、識別力、自己制御を奪うので、独裁者による洗脳の手段として何度も使われてきた。集団的な熱狂も全体主義に利用される。

これとは逆に、「個」が「個」として参入する「エンスタシス（入我）」がある。「一体になる」のではなく、「全員が他者、隣人である場所に参入」すること、「他者と出会う」ことだ。そこには滅私や没我はない。そのためには、他者との出会いと共感を可能にする「場」の介在がどうしても必要なのだ。その「場」というのは開かれたもので、キリスト教で言うなら「聖霊」がつなげてくれる場所ということになる。

「個」は他の「個」とは区別される唯一独自のものだが、互いに対等にコミュニケーションを取り合うことができる。これはカトリック教会では「コミュニオン（聖徒の交わり）」

と呼ばれるもので、そこで出会う他者は、生者と死者の区別も、聖人と信徒の区別もなく、時間も空間も超えた「聖霊の働き」の中で一致することになる。これは男と女、同性愛者と異性愛者など、自分と自分以外の「領域」設定すべての「二項対立」を「脱我」なしに解消する考え方だ。

それを可能にするためには、自分と自分以外の「領域」設定を超える普遍主義が必要だが、キリスト教文化圏の「近代文明」はその超越的な「場」から「理念の言葉」だけ残して、「神」や「聖霊」を追い出してしまった。その結果として生まれた決定的な弊害が二つある。

†二つの罠

一つは、普遍化や絶対化を掲げる「人」が、ナルシスティックに自分を「神格化」していったことだ。そこではもう男女の区別も「人間」も消え、「超越」への志向もないフラットな世界が広がる。

中性的でのっぺりとした「人」は、それまで「女」や「魔女」や「聖女」が担っていた「無意識」のフィードバック装置を失い、また「自然」を懐柔《かいじゅう》しようとしてきた数々の「術」は、歯止めのないテクノロジーの進歩へと向かった。公式宗教の中の様々な典礼や祈りに基づく「術」や、その裏側にあった魔術の「術」は今や、最新テクノロジーの科学技術の「術」に取って代わられたのだ。父権的覇権主義は「自然」の征服に向けられ、今やそれが「自然」の破壊や「人類」そのものの自滅にさえ至るという「近未来」への警鐘が鳴らされている。

それだけではない。「神」が追われた場所に君臨する金《カネ》も男女を区別しない。テクノロジーが金と結びついた時に新たな「偶像」が生み出された。その融合がもたらす「全能感」はまさに「悪魔」の定義とされていたものと重なる。さらに「悪魔の誘惑」という段階もすでに通り越し、全能感と偶像崇拝の世の中で、それについていけない弱者は逼塞するか切り捨てられていく。

もう一つの弊害は、「神」のない世界が、「すべての人間は、個々の違いにかかわらず自由で平等で尊厳ある存在である」という普遍主義的命題の事実上の蹉跌《さてつ》につながったことだ。

例えば、神なき民主主義や、個人主義下の「人権」においては、人々の「表現の自由」などの権利は保障されるが、そのためにはいつも、その権利の行使が「他者の自由を侵害しない限り」という但し書きがついてくる。

一見当然の良識のように思われるが、それが示すのは、「個人」の権利や自由は、他者の「権利」「自由」によって制限されうるということだ。そこでは「他者」が「私」の権利を制限する「敵」となり得る。「私」と「私以外」が、互いの権利や自由を侵さないように、絶えずその境界線でせめぎ合うことになるし、その境界線は結局のところ、現実の力関係によって変わってくる。「私以外の他者」による暴力や暴力行使の脅迫が「私」の自由の境界を狭めることもある。ここでは、「私」は「他者」とのパワーゲームによってしか、自由や平等や尊厳を生きることができない。

そこから逃れて「私」が「私」のままで他者の中に参入するには、「私」と「他者」が対等に出会える「互いを超える場所」が必要となる。そこでは、「他者」とは「私」の自由の限界を決める「敵」ではなく、出会い、見つける存在である。エクスタシスの一体感ではなく、エンスタシスによって互いに「他者」を発見し合い、共感の中で錬金術のようにより豊かな「自分」が形成される。そこでは、すべての「違い」や「区別」は補完的なものとなる。それなくしては互いを超える完全、完成、完璧に至らないという意味での「補完」だ。

†フェミニズムからフェミノロジーへ

フェミノロジー（女性学）という言葉はフランスで一九八〇年代に作られた。イデオロギーとしての女性主義である「フェミニズム」は、女性と男性の社会的格差を解消しようとして「性差」の否定に向かうものだが、それと一線を画するために生まれた。

フェミノロジーは、「知識（connaissance）」はフランス語で「誕生と共にあるもの（co-naissance）」を意味すると解釈し、女性の持つ「周期性」は、月の満ち欠けや季節の巡りのような大きな流れの中にあり、その「知識」を継承していくものだという。

フェミニズムが男を対立者とするのに対して、フェミノロジーは、人類学、人文科学の一環であり、それらを補完するものだ。そのことも、フランス型の「フェミニズム」が、アングロサクソン型フェミニズムのグローバル化に抵抗している一つの表れだ。

この本では、主としてカトリック文化圏において、ナザレのイエスのキリスト教が、本来抱えていた「女性性」を、様々な形で（時には倒錯的に）維持するために、聖母マリアや聖女、魔女、女性のリーダーたちがどのような役割を担ってきたかについて述べてきた。

一九世紀には、多くの修道会の女性創設者が、社会活動を始めることで女性の自由の拡大を進めた。もともとカトリックには聖餐の場所、教育機関、医療機関という三つの役割があった。修道女たちは、バチカンの公式許可を待つことなく学校や病院を作って経済的にも自立した。さらに、平修道女たちが教師や医師の資格をとるために就学や留学をし、貧しい人々のもとに行くために、ラクダの背に乗ってサハラ砂漠を越えさえした。彼女らを導いたのは、男たちへの対抗意識でも、自分たちの能力への承認欲求でもなく、「聖霊」

だったのだ。女を誘惑者と見なす一神教のミソジニー（女性嫌悪）にも、神の中で「完成」に向かう女たちのモチベーションを削ぐことなどできなかった。

序章で述べたように、「ギャラントリー」文化を男と女が共に支えてきたフランス型のフェミニズムが、ピューリタン型のフェミニズムと大きく異なっているのも、そのような伝統に位置づけられる。

哲学者のジョン・スチュアート・ミルは、イギリスの下院議員だった一八六七年に、選挙権に関する法律の条文にある「men（男）」という言葉を「persons（人）」に改めようと提案したが、イギリス人の「男らしさ」が脅かされると揶揄されて断念したという。

結局イギリスで婦人参政権が認められたのは一九二八年だが、フランスでは一九四四年と遅かった。それはラテン語由来のフランス語の「homme（人）」が、ゲルマン語由来の英語の「men」と違って、そもそも中性的な言葉だったからかもしれない。ラテン語には「戦士」と同義の「男らしい男」という言葉「ヴィル vir」が別にあり、それがフランス語でも使われている。それでもフランス革命で「人権宣言」が出た時には、実質的に「女性」が除外されていたので、パリのサロンに出入りしていたオランプ・ド・グージュが「女権宣言」を出して対抗したが、これも一七九三年に反革命的だとされて処刑された。

英語で「人権」は「human rights」という言葉で表現され、フランス語の「homme」

と同様に「人」という言葉が入っているが、英語では性別を感じさせない。一方で、男性名詞と女性名詞の区別があるフランス語は、男性に対する「女性」の「同権」を唱えるアングロサクソンのフェミニズムがグローバル化して以来、それまで中性的な意味だった言葉の「女性名詞化」をはじめとする一種の「言葉狩り」さえ生まれている。

英語の「person」やフランス語の「personne」は「ペルソナ（仮面）」を語源とするが、キリスト教の三位一体の「神格」という意味だったものが、個人の「人格」に使われるようになった。父権制社会において、男性という「人」によって「財産」として交換されたり所有されたりしてきた女性が、本当の意味での「個人」となるには、やはり「神格」のダイナミズムに参加する必要があったというわけだ。

ある時は「財産」として交換、所有され、ある時は欲望の対象として消費されてきた「女たち」のいる世界は、「神」の居場所ではない。神が人と交わる世界では、聖母や聖女たちへの崇敬、修道女としてリーダーシップを発揮する女たちへの畏敬、そして魔女や悪魔憑きの女たちへの畏怖が渦巻きながら続いてきた。欲望を「文化」に変える男と女の協働は、そのような世界に生まれ、養われる。

神は、フェミニストでは、ない。

おわりに

　パリの繁華街の真ん中にある「不思議のメダイのチャペル」は、一八三〇年に聖母の「ご出現」があったという聖堂で、世界中から巡礼者がやってくる。それは愛徳姉妹会という社会活動型女子修道会の本部の中にある。近代化する都市に流入した弱者の世話をするために一七世紀に活動を始めた修道会だ。ここで販売されている廉価なメダルは、それを贈る人が信じてさえいれば、身につける人が信者でなくても「効験」があるというので、購入する観光客も少なくない。

　この不思議な空間の「奇跡譚」について『パリのマリア』（筑摩書房）という本を出した私は、日本でミッションスクールに通った経験もなく、「シスター」と呼ばれる知り合いは一人もいなかった。けれども、ある熱心な読者の紹介で、この愛徳姉妹会に滞在していた日本人のシスターSと初めてお話しすることになった。聖母のご出現だの奇跡のメダルだのという修道会のシスターとはどんな「清らか」な人だろうかと緊張していた私の前に現れたSさんは、生き生きと楽しそうで自然体で、シンプルな人だった。日本人同士なら初対面でまず相手との距離や関係を測り、自分が相手の目にどう見えるのかを考慮しなくてはならないが、そうした「常識」の届かない別世界に、Sさんは私をすぐに招いてくれた。

その後、コンサートの企画などで日本の愛徳姉妹会には何度もお世話になったが、シスターたちの視線や関心が、「ご出現」や「奇跡」にではなくて、彼女らが世話をする子どもたちやお年寄り、訪問する病院や支援を必要とする人々にばかり向けられていることに驚いた。彼女たちからあふれる幸せオーラの秘密は、「自分ファースト」はもちろん、いわゆる生産性も承認欲求も関係のないところでの、「見返り」を求めない奉仕の生活にあるらしかった。いや、「見返り」どころか、先に無償で無限に与えられている何かを分かち合う歓びが、彼女らの「奉仕」だった。

パリで同じ愛徳姉妹会のシスター・クレールと知り合った時、彼女はもう九〇歳だった。いたずらそうな眼を輝かせる「パリっ子」で、妊娠や出産、結婚離婚にまつわるカトリック教会の「保守的」な姿勢を軽々と、そして楽しそうに批判した。イスラム革命前のテヘランでフランス語を教えていた時に生徒だったファラ王妃と培った友情をはじめとして、シスター・クレールの交友関係は驚くほど広く、彼女の世界には、国境も、国籍も、性別も年齢差も、宗教の違いすらないのだった。九八歳で新たな旅立ちをする直前まで、彼女よりずっと若い周囲の「年配者」たちを陽気に励ましていた。

修道会というと、規律を守り、服従、清貧などの誓いに縛られた窮屈なところを想像するが、「自由」とは分かち合う精神の中にあるのだと、彼女たちを見て知らされた。近代の人権思想で刷り込まれてきた自由の前提となる「私」と「私以外」の「境界」が、そこには微塵もないのだ。

私の右手と左手はそれぞれの役割を果たす。怪我をするとどちらかが使えない時もある。五本の指のそれぞれも、腕と足も、みな違った機能や役割を持って「自律」しているけれど、大きな全体のための調和を生きている。オーケストラの各パートは、自分のパートだけを守るのでもなく、他のパートを侵すのでもなく、共振して歌う同じ美の世界を生きている。

壁を作って自分の権利、自分の意見、自分のパートに閉じこもることも、反対に、他者の権利、意見、パートを否定して従わせることも、どちらも、いのちの火を消してしまう。「他者」は、異性であったり、隣国であったり、他宗教であったり、自然環境であったりする。必要なのは壁の位置を調整することではなくて、そこに橋を架けることだ。橋を架けた先で必要になるのは、共感の能力と、公正の感覚だ。

エデンの楽園を再建すべき荒れ地には、禁断の木の実が枝もたわわに実っている。けれども、よく見わたしてみれば、空には鳥が飛び、聖母が、聖女たちが、マザー・テレサが、シスターたちが、ヨセフや使徒や聖人たちといっしょに、せっせと地を耕している姿が見えてくるかもしれない。神と女のキリスト教史を眺めてみれば、彼女らが蒔いているのが、「希望」の種なのだと思えてくる。

＊

この本は、ささやかな、小さな希望の種蒔きに加わろうとして書かれた。お手伝いをしてくれた山本拓さん、インスピレーションの光と慈雨を注いでくれたすべての先輩たちに感謝を捧げると同時に、この小さな種が育ち、平和を希求する人々の共感に養われて、希望の花が開き、実がなる日が来ることを、信じて待つばかりである。

主要参考文献

本文中における『聖書』からの引用は、日本聖書協会『聖書 新共同訳』（一九八七年）を用いた。

竹下節子『バロックの聖女――聖性と魔性のゆらぎ』工作舎、一九九六年

――『聖母マリア』講談社選書メチエ、一九九八年

――『キリスト教』講談社選書メチエ、二〇〇二年

――『「弱い父」ヨセフ――キリスト教における父権と父性』講談社選書メチエ、二〇〇七年

――『キリスト教の謎――奇跡を数字から読み解く』中央公論新社、二〇一六年

――『キリスト教は「宗教」ではない――自由・平等・博愛の起源と普遍化への系譜』中公新書ラクレ、二〇一七年

――『ジャンヌ・ダルク――超異端の聖女』講談社学術文庫、二〇一九年

Aline Goosens. Législation contre l'hérésie et répression de la sorcellerie. Le cas des Pays-Bas méridionaux au tournant des XVIe et XVIIe siècles. "Revue du Nord" n °395 pages 347 à 360.

Michèle Guéret-Laferté. Jeanne la Preuse, Jeanne la Sainte: la «Pucelle» dans le Ditié de Jehanne d'Arc de Christine de Pizan.

Patricia Lusseau, Marie-Françoise Damongeot, Élisabeth Verry, Jean-Clément Martin. *Abbesses de Fontevraud*, Les Carnet de Fontevraud, Editions 303, 2019.

Daniel Prigent, Henri Gaud. *Abbaye De Fontevraud*. GAUD, 2005.

La Bibliothèque nationale de France, via Gallica, Cote: LN27-3078.

ちくま新書
1459

女《おんな》のキリスト教史《きょうし》
——「もう一《ひと》つのフェミニズム」の系譜《けいふ》

二〇一九年一二月一〇日　第一刷発行

著　者　竹下節子（たけした・せつこ）

発行者　喜入冬子
発行所　株式会社　筑摩書房
東京都台東区蔵前二—五—三　郵便番号一一一—八七五五
電話番号〇三—五六八七—二六〇一（代表）
装幀者　間村俊一
印刷・製本　株式会社　精興社

ISBN978-4-480-07273-3 C0216

ちくま新書

956
キリスト教の真実
――西洋近代をもたらした宗教思想
竹下節子
ギリシャ思想とキリスト教の関係を検討し、近代ヨーロッパが覚醒する歴史を辿る。キリスト教という合せ鏡をとおして、現代世界の設計思想を読み解く探究の書。

1424
キリスト教と日本人
――宣教史から信仰の本質を問う
石川明人
日本人の99％はなぜキリスト教を信じないのか？　宣教師たちの言動や、日本人のキリスト教に対する複雑な眼差しを糸口に宗教についての固定観念を問い直す。

1215
カトリック入門
――日本文化からのアプローチ
稲垣良典
日本文化はカトリックを受け入れられるか。日本的霊性と超越的存在の問題から、カトリシズムの本質に迫る。中世哲学の第一人者による待望のキリスト教思想入門。

1102
エクスタシーの神学
――キリスト教神秘主義の扉をひらく
菊地章太
ギリシア時代に水源をもち、ヨーロッパ思想の伏流水であるキリスト教神秘主義。その歴史を「エクスタシー」の観点から俯瞰し、宗教の本質に肉薄する危険な書。

1048
ユダヤ教　キリスト教　イスラーム
――一神教の連環を解く
菊地章太
一神教が生まれた時、世界は激変した！「平等」「福祉」「不寛容」などを題材に三宗教のつながりを分析し、現代の底流にある一神教を読み解く宗教学の入門書。

085
日本人はなぜ無宗教なのか
阿満利麿
日本人には神仏とともに生きた長い伝統がある。それなのになぜ現代人は無宗教を標榜し、特定宗派を怖れるのだろうか？　あらためて宗教の意味を問いなおす。

744
宗教学の名著30
島薗進
哲学、歴史学、文学、社会学、心理学など多領域から宗教理解、理論の諸成果を取り上げ、現代における宗教的なものの意味を問う。深い人間理解へ誘うブックガイド。